서서히 식물이 좋아집니다

서서히 식물이 좋아집니다

2022년 6월 10일 1판 1쇄 발행
2023년 2월 15일 1판 2쇄 발행

지은이 한진아
펴낸이 이상훈
펴낸곳 책밥
주소 03986 서울시 마포구 동교로23길 116 3층
전화 번호 02-582-6707
팩스 번호 02-335-6702
홈페이지 www.bookisbab.co.kr
등록 2007.1.31. 제313-2007-126호

디자인 디자인허브

ISBN 979-11-90641-77-7 (13520)
정가 19,800원

ⓒ 한진아, 2022

이 책은 저작권법에 따라 보호받는 저작물이므로 무단전재와 무단복제를 금합니다.
이 책 내용의 전부 또는 일부를 사용하려면 반드시 저작권자와 출판사에 동의를 받아야 합니다.

책밥은 (주)오렌지페이퍼의 출판 브랜드입니다.

서서히

식물이 좋아집니다

헤매고 있는 초보 가드너를 위한
홈가드닝 플랜 4

한진아 지음

책밥

prologue •

관심에서 시작된 작은 마음이 일상의 많은 것들을 바꿔 놓았습니다. 반복되는 회사 생활에 지쳐갈 때쯤 식물이 마음에 들어왔던 것 같아요. 이렇다 할 특별한 계기는 없었습니다. 그저 식물의 푸릇한 기운이 지친 제 마음을 달래주었고 그런 식물들이 서서히 좋아졌습니다. 날마다 지나치는 길가의 꽃들도 하물며 이름 모를 잡초들도 눈에 선명하게 들어왔고, 계절이 바뀔 때마다 달라지는 풍경을 보는 것만으로 마음이 풍성해졌습니다. 비가 오는 날을 딱히 좋아하지 않던 제가 비를 내내 기다리기도, 식물들에게 빗물을 맞춰주느라 옷이 다 젖어버려도 그런 것쯤은 아무렇지 않게 느껴졌습니다. 매일 아침이면 밤 사이 답답하진 않았을까 창문을 열어 시원한 바람을 맞춰 준 뒤 본격적으로 하루를 시작하게 되었어요.

식물을 조금씩 알아가고 애정으로 바라보기를 반복하니 어느새 서스럼 없는 친구를 대하는 것처럼 편해졌습니다. 물을 주고, 바람을 맞춰주며, 햇볕을 쬐어주는 사소한 일들이 일상을 환기시켜 주더라고요. 새잎을 올리고 꽃을 피워내는 변화들이 저를 꽤 괜찮은 사람이라고 인정해 주는 것 같기도 했어요. 식물을 키우는 일은 마음을 돌보는 일로 이어졌습니다. 나는 언제 행복한지, 어떤 것에 즐거움을 느끼는지, 좋아하는 것들은 무엇인지에 대해 생각하게 되더군요. 문득 삶이라는 건 몰랐던 나와 계속해서 마주하는 것이 아닐까 싶기도 했습니다. 저는 식물과 함께 있을 때 가장 행복한 사람이라는 걸 알게 되어 결국 회사를 그만두고 플랜트숍에서의 아르바이트를 시작으로 본격적인 공부를 시작했습니다. 이후 원예 치료사 과정을 수료한 후 이제는 '서서히'라는 식물 브랜드를 운영하게 되었어요.

식물과 함께하는 삶을 살아가다 보니 언제나 기쁨만 가득한 건 아니라는 것도 깨달았습니다. 살아있는 생명체라 관심을 놓치면 아프거나 힘이 없는 모습을 보여주기도 한다는 것을요. 애지중지 보살핀 것 같은데도 결국 죽어버리면 식물을 키울 자격이 없다며 깊은 자책을 하게 되기도 하죠. 식물을 사랑하는 마음은 여전한데 어디서부터 뭐가 잘못된 건지 잘 모르겠어 답답한 마음이 든다는 것, 저도 경험해 본 일이라 잘 알고 있습니다. 헤매는 과정을 거치고 나니 식물을 대하기 어려운 초보 가드너 분들에게 제 경험을 나누고 싶단 생각이 들어 이 책을 준비하게 되었습니다.

책을 기획하는 단계에서 어떤 이야기를 담아야 할까 많은 고민을 했어요. 식물을 잘 키울 수 있는 노하우는 수많은 책과 매체에서 이야기하고 있기에 저만이 전할 수 있는 특별함은 아니라고 생각했습니다. 풍성한 정보를 딱딱하게 나열하는 것보다는 식물과 함께 울고 웃은 다양한 제 경험과 식물로 이어진 수많은 관계 속에서 얻은 생생한 이야기를 풀어나가고 싶었습니다. '서서히'의 수업을 듣기 위해 먼 길을 찾아오는 분들의 마음을 짐작해 봤을 때 식물을 잘 키울 수 있는 묘수를 기대했다기보다 제가 식물을 대하는 방식과 마음이 궁금했던 게 아닐까 싶었거든요. 때문에 이 책에는 이 정도만 알아도 충분하다고 생각하는 제 방식들이 녹아있습니다. 그동안 막연히 일방적으로 식물을 사랑했다면 이제는 제대로 알아가며 식물과 나와의 관계를 건강하게 가꾸어 나가길 바라는 마음을 가득 담았어요. 그러니 저와 대화하듯 편안하게 읽어 내려가면 좋겠습니다.

어느덧 본격적으로 식물과 함께 일한 지도 4년가량이 흘렀지만 여전히 공부해야 할 것들이 너무나 많다고 느낍니다. 사실 식물과 관련된 글을 쓰고 있는 지금도 제 생각을 내세워 기록으로 남겨도 괜찮을까 하는 걱정이 앞섭니다. 그럼에도 이렇게 글을 쓰는 이유는 식물을 키운다는 것은 고통이 아니라 즐거움이라는 사실을 보다 많은 분들과 나누고 싶기 때문입니다.

부디 이 책이 삭막한 도시의 작은 숲 같은 존재가 되길 바랍니다.

2022년 봄과 여름 사이,
한진아 드림

contents

plan 1. 나의 식물 생활 돌아보기
_ 잠시 멈추어 그동안의 식물 생활을 돌아보고 받아들입니다.

017　**적당히가 안 되는 선택들**

019　**식물과 처음 만나는 순간에 신중했는지**

022　**고향을 떠올려 보는 일**

025　**보이는 것만이 전부가 아닌데**

028　**가드닝의 시작은 장비빨?**

031　**남겨진 자가 해야 할 일**

plan 2. 다시 제대로 알아가기

_ 후회되는 실수는 잊고 식물에 대해 차근차근 다시 알아갑니다.

039　식물에게 집이 되어주는 흙

건강한 흙이란? · 040
흙 마름에 영향을 주는 요소 · 041
흙의 종류 및 배양토의 구성 성분 · 050
적절한 흙 배합이란? · 055
흙에 생긴 문제, 과습 · 056
흙에 생긴 문제, 건조 · 059

063　빛은 10시간이면 OK

광합성이란? · 064
빛 선호도에 따른 식물 분류 · 065
빛이 부족하면 생기는 증상 · 068
빛이 과하면 생기는 증상 · 070
자연의 빛을 대체해 주는 인공광 · 070

073　적절한 타이밍에 물 주기

물이 하는 일 · 074
물이 과하면 생기는 증상 · 074
물이 부족하면 생기는 증상 · 075
올바른 물 주기 방법 · 076
흙 마름을 확인하는 것이 중요한 이유 · 083
다양한 물 주기 방법 · 084

089　생각보다 많이 중요한 바람

바람이 하는 일 · 090
통풍이 불량할 때 생기는 증상 · 091
올바른 환기 방법 · 091

095　자생지와 비슷한 온도, 습도 만들기

식물에게 적당한 온도란? · 095
생육에 관여하는 온도의 종류 · 097
저온 피해(냉해) · 097
기온에 따른 식물의 휴면 · 099
식물에게 적당한 습도란? · 100
겨울철 히터 바람에 의한 건조 피해 · 103

plan 3. 조금 더 노력하기
_ 기본적인 것 외에 무엇을 더 해줄 수 있는지 고민해 봅니다.

111 분갈이
분갈이를 하는 이유 · 112
분갈이가 필요한 경우 · 113
분갈이를 피해야 하는 계절 · 117
분갈이 시 주의 사항 · 117
관엽식물 분갈이하기 · 119
선인장·다육식물 분갈이하기 · 125
식재 디자인 노하우 · 130

135 영양 공급(비료 주기)
영양 공급을 하는 이유 · 135
영양 공급이 필요한 경우 · 136
적절한 영양 공급 시기 · 137
영양제의 구성 성분 · 137
영양제 공급 방법 · 140

142 지지대 설치
144 전정과 정지(가지 치기)
146 월동 준비
147 이상 신호 알아채기(병충해)
실내에서 생기기 쉬운 병충해의 종류 · 148
병충해가 아닌 증상 · 156

plan 4. 식물과의 추억 기록하기

_ 함께 하고 있는 식물과의 추억을 다채로운 시각으로 기록해 봅니다.

의외의 꽃을 피우는 **죽도석곡** · 164
나를 닮은 식물 **아라우카리아** · 168
식물은 추억하는 힘이 있다 **청기린** · 172
늘 그 자리에 있어주는 **선인장** · 176
자연을 형상화하는 작업 1 **바이텍스** · 182
자연을 형상화하는 작업 2 **춘란** · 186
자연을 형상화하는 작업 3 **이끼석과 좀눈향** · 188
자연을 형상화하는 작업 4 **초봄의 들판** · 190
미안한 식물 **고려담쟁이** · 194
식물의 자리 1 **황칠나무** · 198
식물의 자리 2 **공중식물과 수경식물** · 200
잔잔한 꽃을 좋아하는 한결같은 취향 1 **학자스민** · 204
잔잔한 꽃을 좋아하는 한결같은 취향 2 **개나리 자스민** · 206
잔잔한 꽃을 좋아하는 한결같은 취향 3 **마다가스카르 자스민** · 208
잔잔한 꽃을 좋아하는 한결같은 취향 4 **접란** · 210
잔잔한 꽃을 좋아하는 한결같은 취향 5 **다정큼나무** · 212
물을 좋아하지 않는 양치식물 **박쥐란** · 214
우아함 속의 강인함 **아스파라거스 나누스** · 218
화려한 꽃다발보다 수수한 **풀다발** · 222
나만의 작은 숲 **고사리 합식** · 228
겨울을 풍성하게 즐기는 방법 **생화 리스** · 232
실내로 자연을 옮겨오는 일 **식물 연출 작업** · 242
식물과 함께하는 일상 **우리 집 반려식물** · 246

interview
수강생 인터뷰 · 248
저자 인터뷰 · 260

plan 1.

나의 식물 생활 돌아보기

식물과도, 사람과도 좋은 관계를 유지하는 것은 쉬운 일이 아니라는 생각이 듭니다. 내 딴에 노력한다고 하는데도 어긋날 때가 있고, 서로 상처를 입힐 때도 있습니다. 종종 싱그러웠던 초록의 잎들은 왠지 모르게 하나둘 노랗게 변하고 이내 바싹 말라 떨어지곤 해요. 마음이 철렁하는 순간입니다. 잘하려고 할수록 시들어가는 식물을 볼 때면 어찌할 바 없이 속상하기만 합니다. 가만히 보고 있을 수만은 없어 이리저리 검색하다 보면 너무 많은 정보가 머릿속에 들어와 오히려 더 헷갈리고 어려워지기도 했을 거예요.

정보에 의존하기보단 식물을 사람에 빗대어 이해해 볼 필요가 있을 것 같아요. 우리의 눈코입 등 신체 기관들이 제 역할을 잘 해낼 때 불편함 없이 살아갈 수 있는 것처럼 식물의 기관들도 각각의 이유와 역할이 있다는 것을 이해해야 합니다. 잎이 찢어지거나 잎 중간중간에 구멍이 나는 이유, 무늬가 있는 이유, 잎 모양이 둥글거나 뾰족한 이유, 하물며 뿌리가 얇고 굵음에도 저마다의 사연이 있답니다. 그동안 식물이 내 뜻대로 자라지 않아 속상했다면 이런 것들을 이해하려 했는지 돌이켜 보세요.

일상에서 늘 하는 실수나 자꾸만 놓치게 되는 일에 대해 '다시 잘해 보겠다'고 마음먹었을 때는 나와 주변을 돌아보는 일부터 시작해야 합니다. 당연히 마땅하다고 생각했던 것들이 그렇지 않을 때가 있기 때문이죠. '심기일전(心機一轉)'이라는 말이 떠오릅니다. 이 사자성어의 뜻을 풀어 보면 '어떤 동기가 있어 이제까지 가졌던 마음을 버리고 완전히 달라짐'을 의미합니다.

이 책은 식물을 무턱대고 키우고 있는 것 같아 찝찝한 마음이 드는 초보 가드너의 중간 점검을 위한 책이라고 정의하고 싶어요. '제가 잘 키우고 있는 걸까요?'라는 생각이 들어 이 책을 찾았다면 심기일전하고, 우리 다시 서서히 식물과 친해져 보아요! 이제부터는 너무 잘하려는 마음은 잠시 내려 두고 나의 식물 생활을 객관적으로 바라볼 거예요. plan 1에서는 6가지 주제의 이야기를 해볼 텐데요. 당연하다고 생각했던 방법이 잘못된 것은 아니었는지, 식물이 필요로 하는 것들을 너무 몰라주고 지낸 건 아닌지 잠시 멈추어 돌아보는 시간을 가져 보길 바랍니다.

1. 적당히가 안 되는 선택들

가드닝 수업을 들으러 오는 수강생분들에게 '식물과 적당한 거리를 유지하는 게 좋다'라는 말을 종종 합니다. 무슨 뜻인지 대충 알겠지만 도대체 어느 정도가 '적당히'인 건지 모르겠단 생각이 들 것도 같아요. 물을 많이 줬더니 과습이라고 하고, 아껴 줬더니 건조해서 말랐다고 하고 실제론 '적당히'라는 게 참 어렵게만 느껴지죠. 하지만 이보다 더 적당한 표현이 없는 듯합니다. 우리는 늘 과하거나 부족한 탓에 식물을 힘들게 하니까요. 특히 물 주기에 있어서는 적당한 타이밍이 무척 중요합니다. 고무나무는 물을 자주 줘서 과습으로 죽이고, 고사리는 부족하게 줘서 말려 죽이는 실수를 하진 않았나요? 많이들 키우는 스투키는 물을 언제 마지막으로 줬는지도 모르게 바싹 말라 죽거나, 필요 이상으로 자주 줘서 물러 죽게 했을지 모릅니다. 그동안 '적당히'가 안 되는 선택들을 하진 않았는지 한번 돌이켜 보세요.

누군가 걸어 놓은 마법에 걸린 듯 물을 줄 때 관엽식물은 '일주일에 한 번', 선인장과 다육식물은 '한 달에 한 번'이란 주문을 기억하고 그대로 실천하는 분이 꽤나 많을 거예요. 때에 맞춰 주는 물도 중요하지만 그 물이 잘 마를 수 있도록 온도와 습도를 맞춰주고 바람이 잘 통하는 환경을 만들어주는 것 또한 굉장히 중요합니다. 식물은 흙이 젖고 마르기를 반복하는 과정에서 성장하거든요. 때문에 흙이 마르지 않았을 때는 물을 주지 않아야 합니다. 식물을 '물을 좋아하는 정도'만으로 분류하는 건 위험하지만 물 주기는 중요한 기준이 됩니다. 물을 좋아하는지 여부는 자라온 환경(서식지), 구조적인 특징(각 기관의 생김새)으로 얼추 예측할 수 있어요. plan 2에서 자세히 알아보겠지만 가볍게 짚고 갈게요.

무조건적이진 않지만 잎이 크거나 두껍고, 뿌리 조직이 발달한 식물(멕시코소철, 접란, 금전수 등)은 몸체에 기본적으로 수분을 많이 머금고 있을 수 있어 상대적으로 물을 자주 주지 않아도 됩니다(체내 물탱크가 크다는 뜻!). 물을 좋아하지 않는 대표적인 식물로는 앞서 언급한 고무나무류가 있죠. 이들의 생김새를 살펴보면 대개 두껍고 빳빳한 잎과 잎 뒷면에는 굵고 선명한 잎맥을 가지고 있습니다. 이렇게 외형적인 모습을 보고도 물을 좋아하지 않을 거란 힌트를 얻을 수 있는 거죠. 반대로 얇은 줄기와 잎을 가진 고사리과 식물(양치식물)들은 대부분 구조적으로 몸체에 저장할 수 있는 수분량이 얼마 되지 않습니다. 습한 환경을 좋아해요. 잎과 줄기가 얇아 환경 변화에 민감할 수밖에 없고 추위에도 약한 편입니다.

한 가지 더, 물을 좋아하지 않는 식물들은 대부분 성장 변화가 늦거나 물이 필요하다는 신호를 알아채기 쉽지 않은 경우가 많습니다. 그러니 살펴보는 시간이 줄어들고 시선에서 멀어지는 건 당연하겠죠. 이제 막 식물을 키우는 단계라면 어느 정도 물 주기에 신경을 써주어야 하는 식물, 변화가 빠른 식물을 키우는 걸 오히려 권장합니다. 물을 주는 것만으로 성장 변화를 느끼다 보면 자연스레 성취감을 얻고, 이런 즐거움은 자신감으로 이어지니까요. 여전히 '적당히'가 어렵다면 조금 더 느슨해져 보세요. 한 템포 천천히 식물을 관찰하며 기르길 바랍니다.

2. 식물과 처음 만나는 순간에 신중했는지

지금 키우고 있는 식물, 혹은 이미 떠나가 곁에 없을 수도 있는 그 식물을 처음 만났던 순간을 기억하나요? 꽤나 많은 분들로부터 식물과의 첫 만남에 대한 이야기를 들어왔는데요. 동네 화원 앞을 우연히 지나가다, SNS 상의 사진을 보고 한눈에 반해서 인테리어 목적으로 구매했다는 분들이 은근 많더라고요. 게다가 생각보다 금방 죽어서 첫 식물은 사진조차 남아있지 않다는 말도 이어졌고요. 이름도 잘 모르고 키웠던 것 같다고 말하는 분들도 있었습니다. 취향에 맞지 않는 식물을 선물 받아 곤란했다는 이야기도 떠오릅니다. 살아 있는 생명체니 버리지는 못하겠고, 계속 보고 있자니 취향과 맞지 않아 이러지도 저러지도 못하다 결국 애써 마음을 주며 키워야 하는 게 부담이 되기도 했다고요. 사실 선물 받는 사람 입장에서는 아직 준비가 안 되었을 수도 있어요. 딱히 식물에 관심이 없을 수도 있고요. 물론 선물을 계기로 식물이 좋아질 수도 있겠지만요.

식물을 구매하러 온 손님에게는 항상 몇 가지 질문을 합니다. 직접 키우는 건지 선물용인지 말이죠. 선물용이라면 상대가 식물을 키워본 적 있는지, 어떤 취향을 가지고 있는지, 주로 어떤 환경에서 머무는지도 물어봅니다. 무던히 키우기 쉬운 식물이 있는가 하면 조금은 까다롭게 구는 녀석들도 있기 때문에 식물을 키우게 될 대상의 환경과 성향, 취향까지도 함께 고려하면 좋습니다. 식물이 놓일 곳의 전체적인 인테리어 분위기도 파악한 후 마지막으로 식물의 특성과 수형에 맞는 화분을 골라 식재를 해 건넵니다.

직접 키울 식물이라면 그동안 어떤 식물을 키워왔는지 물어봅니다. 듣다 보면 중복되는 특징들이 있어서 적절한 식물을 추천하는데 좋은 힌트가 되더라고요. 잎 모양이 동글동글하거나 길쭉한 식물을 좋아한다든지, 잎 사이즈가 크거나 작은 식물을 원한다든지, 성장이 눈에 보이는 식물을 키울 때 재미를 느낀다든지 이런 정보를 알게 돼요. 무엇보다 대화를 나누다 보면 어떤 마음으로 식물을 구매하는지도 조금은 눈치채게 됩니다. 유행처럼 번진 가드닝 열풍에 현혹된 건지 소중한 생명체를 받아들이기로 마음먹은 건지 정도는 알아차릴 수 있어요. 식물 하나 키우는 데 생각보다 신경 써야 할 게 많기 때문에 단지 겉모습에만 끌려 구입할 경우 뜻대로 잘 자라주지 않아 싫증이 나거나 부정적인 마음이 먼저 생길 수 있습니다. 그리고 처음 식물을 집에 들일 때는 한 번에 여러 식물을 들이기보다 조금씩 늘려가기를 권장해요. 하나의 식물이 잘 자라면 1년 뒤에 분갈이를 해줄 텐데요. 큰 화분으로 옮겨주고 나면 기존 화분이 남으니 거기에 어울릴 식물을 하나 더 추가하는 방법으로 차츰 늘려가 보세요. 처음 만나는 순간에 신중할수록 더욱 만족할 수 있는 식물 생활을 만들어갈 수 있을 겁니다. 이왕 식물을 들이기로 했다면 또는 선물하기로 했다면 단편적인 모습만 보고 구입하지 말고 키우는 사람의 여러 가지 상황을 고려해 식물과 서로 만족할 수 있는 생활을 시작하길 바랍니다.

* 식물 구입 시 확인사항
그간 어떻게 관리해 주었는지를 꼭 확인하세요. 키우는 공간의 평균 온·습도는 어땠는지, 물 주기는 어땠는지, 분갈이가 이미 되어 있는 식물을 구매할 경우 마지막 분갈이는 언제였는지도 파악하면 좋습니다.

3. 고향을 떠올려 보는 일

식물을 키운다는 것은 사람 사이의 관계와도 닮아 있습니다. 일방적인 기대와 마음이 상대를 부담스럽게 할 때가 있는 것처럼 우리는 키우는 식물에 대해 제대로 알아보지 않은 채 마음을 쏟아붓는 경우가 많죠. 과도한 애정을 주며 무조건 잘 자랐으면 좋겠고, 빨리 새 잎을 보여주기를, 꽃을 피워주기를 바라곤 합니다. 하지만 식물 고유의 습성이나 생육 조건들을 조금씩 이해하다 보면 당연시 여기는 것들이 틀릴 때도 있다는 걸 깨닫게 될 거예요. 각각의 특성에 따라 좋아하는 환경이 다를 수 있다는 것을요. 식물은 말이 없지만 사물과 다르게 계속 변화하며 표현을 합니다. 티를 내는 그 순간 왜 그러는지 이유를 명확하게 알아차리면 더없이 좋겠지만 속내를 헤아리기는 쉽지 않습니다.

이때 우리가 할 일은 기본적인 것들을 채워주고 있는지 생각해 보는 것입니다. 지금 자리한 곳을 편안해하는지, 잎이 왜 노랗게 변하고 타버리는지, 고개를 떨구거나 앙상해지는 이유는 뭔지 궁금해하고 의심해 보세요. 무작정 잘 키워야겠다는 마음을 내려두고 기본적인 것들을 알아보려는 작은 노력을 한다면 그들의 언어를 조금씩 이해할 수 있을 겁니다.

식물을 구입할 때 '원산지'라고 표기되어 있는 항목에 대해 관심을 갖고 알아본 적이 있나요? 실내에서 키우는 식물들은 우리나라가 고향이 아닌 친구들이 대부분입니다. 겨울이 없는 나라에서 왔거나, 습지대에서 왔거나, 기후 자체가 우리나라와는 아예 다른 곳에서 온 식물들이 많습니다. 그러니 이 식물들이 사계절을 나며 지낸다는 것 자체가 큰 이슈이자 쉬운 일만은 아닌 거죠. 그것부터 인정하기 시작하면 집에 있는 식물들에게 벌써 미안해질지 모릅니다. 만약 무던하게 잘 자란다면 실내 환경과 비슷한 아열대성 기후 지역이 고향일 수 있고 반양지, 반음지에서 자라온 특성 때문에 실내 환경에 어느 정도 잘 맞추어 살아가는 특성이 있습니다.

특정 서식지에서 나고 자라면서 해당 환경에 적응하며 살아내다 보니 자연스럽게 갖게 된 특징들이 분명 있을 거예요. 잎이 두껍고 잎맥이 선명해진 것도, 잎이 너무 얇아서 약한 힘에도 생채기가 나고 찢어지는 것도, 잎 가장자리가 날카롭거나 어떠한 냄새를 풍기는 것도, 키가 위로 커지거나 옆으로 길게 퍼져나가며 자라는 형태도 고향의 환경이 모두 다르기 때문입니다. 내가 키우는 식물은 기온이 몇 ℃ 이상 또는 몇 ℃ 이하로 내려가면 힘들어 하는지, 직사광을 즐기는지 아니면 직사광에 취약해서 잎이 타거나 잎 처짐이 생기는지, 흙 마름이 어느 정도일 때 힘들어 하는지 등을 세세하게 알아볼 필요가 있어요. 동시에 우리 집 환경도 잘 살핍니다. 과하게 건조하거나 습하지는 않은지, 빛은 적당한지 말이죠. 그동안 각 식물의 고유한 특성을 알아보려 했는가 돌이켜 봐야 합니다. 지금이라도 당장 키우는 식물의 고향을 찾아보길 바랍니다. 적당한 온·습도와 빛에 대한 이야기는 plan 2에서 이어지니 참고해 주세요.

4. 보이는 것만이 전부가 아닌데

저의 첫 식물이 떠오릅니다. 난생처음 참여했던 가드닝 클래스에서 작은 플라스틱 화분에 들어있던 식물을 토분에 옮겨 집으로 데려왔었어요. 지금은 관엽식물의 대표격으로 유명하지만 당시에는 네 글자의 짧은 이름도 생소해서 잘 외우지 못했어요. 바로 몬스테라입니다. 처음 만난 몬스테라는 조금의 힘만 주어도 부러질 듯한 얇은 줄기를 가졌고 잎은 줄기에 비해 과하게 크다고 느껴졌어요. 수업 내내 긴장을 했는지 집에 돌아오니 어떻게 관리해 줘야 할지 머릿속이 하얘지더군요. 처음 만난 몬스테라에게 잘해주고 싶은데 어떻게 뭐부터 해야 할지 도무지 모르겠는 거예요. 물을 많이 주면 건강하지 않을까? 햇빛을 많이 받게 해주면 좋지 않을까? 무조건 '많이 많이'의 관점에서 허우적댔던 것 같아요.

그러다 얼마 되지 않아 잎들 중 하나가 노랗게 되어갈 때쯤 몬스테라는 물에서도 잘 자란다는 정보를 얻어 허겁지겁 물속으로 옮겨줬던 기억이 납니다. 잘 모르겠지만 일단 살리고 싶다는 의지가 강해 여지없이 내렸던 결정이었어요. 수경으로 옮긴 뒤에야 뿌리의 크기가 어마어마한 식물이라는 걸 알게 되었어요. 여리여리한 상체 대비 하체가 엄청난 녀석이었던 거죠. 몬스테라는 이렇게 두껍고 긴 뿌리 덕분에 생명력이 굉장히 강하고 튼튼해 어느 환경에서든 잘 적응하는 편이라는 것을 깨달았습니다(여러 식물을 관리해 보니 뿌리의 양이 많고 튼튼한 경우 비교적 관리 난이도가 낮았습니다). 화분 속에 있을 땐 그 속을 가늠할 수가 없어 연약하게만 생각했었는데 그제야 모든 게 다 제 기우였다는 걸 알게 되었습니다. 물속에서만 자라다 보니 건강하게 성장한 느낌이라기보단 그럭저럭 살아만 가고 있다는 생각도 들지만, 당시에 물로 옮기지 않았다면 아마도 이 친구를 건사하지 못했을 거예요. 작은 무모함 덕분에 지금까지 4년째 몬스테라와 함께 살아가고 있습니다. 수경식물도 영양제를 줘야 한다는 사실을 너무 늦게 알아버려서 한동안 맹물에만 담가두었는데 올해부턴 영양제도 꾸준히 주면서 키워보려 해요.

초보 시절 아무것도 모르고 도전했다가 처참히 실패했던 식물도 있습니다. 인테리어에 관심을 가지고 있는 분들이라면 한 번쯤 들어 봤을 '마오리 소포라'라는 식물입니다. 한 번은 말려 죽이고, 한 번은 과습으로 죽였어요(저 역시 처음부터 식물을 잘 키우지 않았어요. 암담했던 시절은 저에게도 있었습니다). 보이는 모습만으로는 목질화된 단단한 줄기를 가진 강인한 식물이라 느꼈는데 알고 보니 굉장히 작은 잎들과 얇은 줄기는 수분 저장을 많이 못하는, 생각보다 환경 변화에 민감하고 연약한 식물이었지 뭐예요. 두 번을 보내고 나서야 '마오리 소포라'의 뿌리는 과습에 취약하기에 흙 속은 항상 고슬고슬하게 유지해 주고, 대기 습도는 충분히 촉촉한 상태를 유지해 줘야 한다는 것을 깨달았어요.

여러 식물을 오랜 시간 키우다 보니 보이는 게 전부가 아니라는 사실을 터득했습니다. 화분 속에서 꺼내 보아야 비로소 알게 되는 특징도 있고, 뿌리나 흙에 문제가 생겨 아플 수도 있다는 것을요.

● 가녀린 줄기에 비해 강인한 몬스테라의 뿌리

5.   가드닝의 시작은 장비빨?

식물 하나 키우는데 필요한 게 너무 많다며 말문을 열던 한 수강생이 떠오릅니다. 물 뿌리개는 어디 제품이 좋다더라, 어느 브랜드 토분을 샀는데 이렇더라, 식물 생장등, 식물 가습기, 분무기는 어디 제품이 유명하다더라, 흙은 이러한 성분이 배합된 걸 사서 사용하니 최고더라 등 식물을 키우는데 꽤나 많은 공을 들이는 것 같았어요.

"그래서 식물들은 잘 자라고 있나요?" 하고 여쭤봤습니다. 내심 그런 좋은 장비들이 있으니 잘 관리하고 있기를 바라면서요. 사진 한 장 보여주는 걸로 답변을 대신했는데 사진 속 식물들을 보며 저는 "뜨헉" 소리를 낼 수밖에 없었습니다. 좁은 공간에 희귀한 고가의 식물들이 빼곡히 자리 잡고 있는데 얼핏 보기에도 상태가 썩 좋아 보이지 않았어요. 식물 하나하나 확대해 유심히 보니 화분의 색 조합을 맞추느라, 가구와의 배치를 고려하느라 식물들이 원하는 식생의 환경과는 거리가 먼 곳에 마치 식물들을 가두어 두고 있는 것처럼 느껴졌습니다. 사진 속 처음 보는 식물이 있어 이름이 뭐냐고 물어보니 사실 잘 모르겠다고 하는 모습에 질문을 했던 제가 다 머쓱하기도 했습니다.

사람에 빗대어 볼 때 온갖 명품을 몸에 휘감아도 성품이 별로면 빛나지 않는 것처럼 식물도 필요 이상의 환경을 조성해 주면 되려 탈이 납니다. 기본에 충실한 제품만 갖춰도 식물을 부족함 없이 잘 기를 수 있어요. 장비보다 중요한 건 '식물을 이해하는 일'입니다. 종종 제가 쓰는 장비가 좋아 보인다며 어디서 살 수 있는지를 물어오는 경우가 있는데요. 실제로 저는 가드닝을 하는 데 있어 많은 용품이 있지 않거니와 고가의 제품은 더욱이 사용하지 않고 있습니다. 장비를 탓하지 말고 기본적으로 갖춰야 할 장비는 어떤 것들이 있는지, 각각 어떤 역할을 하는지 정도만 알아두면 충분합니다.

가드닝을 시작할 때 온·습도계와 분무기 정도는 구비하길 추천합니다. 식물마다 맞춰줘야 할 온도와 습도가 다르기 때문에 온·습도계의 도움을 받으면 좋거든요. 실내는 습도가 낮은 경우가 대부분일 테니 잎에 분무를 해서 습도를 높여줄 필요도 있습니다. 그리고 식물 개수가 많아지고 있다면 서큘레이터를 가동해 통풍을 원활히 해 주는 것도 좋습니다. 물은 바가지로 줘도 괜찮으니 3가지 장비는 꼭 챙겨 보세요.

유행처럼 번진 가드닝 열풍 때문에 화분 커버와 같은 장식품으로 식물을 돋보이게 하는 경우도 많아진 것 같습니다. 개인적으로 가급적 식물은 식물 그대로일 때 예쁘다고 생각을 해서 화분 입구가 다 가려질 정도의 과도한 화분 커버를 두르고 있거나 지나친 장식을 한 식물을 보면 안타까울 때가 있습니다. '저러면 흙이 잘 안 마를 텐데, 흙이 잘 안 마르면 과습이 오고 곰팡이가 생길 텐데' 하는 걱정부터 하게 돼요. 인테리어에 관심이 높아진 만큼 식물 하나도 남들과는 다르게, 내 스타일대로 예쁘게 키우고 싶겠지만 가드닝을 시작하는 단계라면 멋에 집중하기보다 식물의 식생을 먼저 이해하면 어떨까요? 식물들이 내 SNS를 장식해 주는 물건은 아니니까요. 식물과 화분을 장식하는 건 조금 더 잘 키울 수 있게 됐을 때 과하지 않은 선에서 시도해 보길 추천합니다.

6. 남겨진 자가 해야 할 일

식물의 적정 수명은 어느 정도냐는 질문을 종종 받습니다. 식물마다, 환경마다 다르기에 명확한 답을 전할 순 없지만 언젠가 떠나게 된다는 건 분명합니다. 내가 키우는 식물 모두가 수년 이상 오래 살았으면 좋겠지만 그렇지 못한 식물도 많다는 걸 알고 있어야 해요. 한 해만 사는 것이 운명인 식물도 있거든요. 언제 어느 때 내 곁의 식물이 떠날 수 있다는 사실을 유연한 마음으로 받아들일 수 있어야 합니다.

이런 이야기를 많이들 합니다. "저는 똥손이에요", "식물킬러예요", "저한테만 오면 식물이 죽어요", "식물을 키우면 안 되려나 봐요"라는 자책들이요. 물론 식물이 필요로 하는 관리를 제대로 못해 주었기 때문에 식물들이 떠나갔겠지만 노력만으론 어찌할 수 없는 것들도 분명 있습니다. 나에게만 어려운 게 아니라 누구든지 키우기 어렵게 느끼는 식물도 있고요. 저는 올리브나무, 유칼립투스, 마오리 소포라를 키우는 게 유독 어려웠습니다. 저야 다양한 경험이 있으니 이제는 잘 맞는 식물을 알게 됐지만 초보 가드너라면 판매하는 곳에서 주는 정보에 의존할 수밖에 없을 거예요. 키우기 쉽다고 해서 샀더라도 나의 성향, 우리 집 환경과는 맞지 않을 수 있습니다. 누구의 잘못도 아니에요. 판매처에서는 관리하기 쉽다고 느꼈을 수 있지만 나에게는 아니었던 것뿐입니다. 너무 자책하는 마음으로 식물을 멀리하지 말아 주세요.

키우던 식물이 죽어갈 때 우리가 할 수 있는 시도에는 어떤 것들이 있을까요? 보통의 경우 무언가를 하려 하기보다 어찌할 바를 몰라 발만 동동거리는 경우가 많을 거예요. 잘못 건드렸다가 상태가 더 안 좋아질 것 같아 아무것도 못하겠다 싶기도 하고요. 이래도 죽고 저래도 죽을 것 같단 생각이 드는 시점에서는 '혹시 이런 걸 좋아하지 않을까', '이렇게 하면 괜찮아지지 않을까' 실험하고 연구하는 시간을 가져보세요. 식물을 구입한 곳이나 집 근처 식물 가게에 도움을 청하는 것도 방법입니다. 타들어가는 잎이 있다면 잘라내 보고, 시든 줄기 한두 개를 물에 꽂아 다시 생생해지기를 바라도 보고, 뿌리를 살펴보면서 상하거나 무른 부분을 정돈하기도 해 보세요. 이렇게 노력했는데도 떠나버렸다면 조금은 덜 미안하고 덜 후회될 거예요. 죽은 이후에도 이유를 모르겠다며 방치하지 말고 왜 이렇게 됐는지 뿌리와 흙을 꺼내어 살펴보고 원인을 유추해 보는 시도가 필요합니다. 무작정 버리기 전에 다음부턴 그러지 말아야지 하고 다짐도 하고요. 다시 건강한 식물을 맞이할 수 있도록 잘 떠나보내는 연습의 시간을 충분히 가져보길 바랍니다.

plan 2.

다시 제대로 알아가기

plan 1에서 다룬 내용들이 내 이야기 같지는 않았나요? 고개를 끄덕이며 공감을 했을 수도, 식물을 키워보지 않았다면 경험하지 못한 낯선 이야기였을 수도 있을 거예요. 주변 환경과 나를 돌아봤다면 이제 식물을 제대로 알아야 할 차례입니다. 그동안 했던 실수는 이제 잊고, 우리 다시 제대로 시작해 보기로 해요. 차근차근 따라와 주세요. 우선 식물의 구조를 살피며 각 기관이 하는 일을 알아보고 식물을 둘러싼 주변 환경의 역할에 대해 이해해 볼 거예요. 이런 것까지 알아야 하나 싶은 내용도 있겠지만 식물을 키우는데 생각보다 중요한 정보이니 자세히 익혀두길 바랍니다. 그전에 짤막한 에피소드를 하나 전할게요.

얼마 전 제가 일하는 공간에 친한 친구가 놀러 온 적이 있어요. 곳곳에 놓인 식물들을 보면서 "얘네들은 다 같은 날에 물 주면 되는 거야?"라고 묻더군요. 그 말을 들으며 깨달았어요. 제 눈에는 하나하나 다른 특징들이 있어 보이는데 식물에 큰 관심이 없는 친구의 눈에는 그저 비슷비슷한 '초록색 생명체' 정도로 보이고 있다는 것을요. 클래스에 참여했던 어느 수강생과의 대화도 떠오릅니다. 갑작스럽게 식물에게 홀리듯 꽂혀 많은 식물을 들였는데, 키우는 방법을 몰라 베란다에 두고 동일한 날 물을 주면서 관리하고 있다는 거예요. 어떤 식물은 바스락 말랐고, 어떤 식물은 힘없이 축 처져 있기도 한데 뭐가 문제인지 모르겠다는 말도 덧붙였어요. 빛도 잘 받고 있고 물도 잘 챙겨 줬는데 상태가 안 좋아진다며 고민에 빠져 있던 모습이 생생합니다. 사실 식물에게 특별한 걸 해줄 게 없다고 느낄 수도 있어요. 최선의 노력은 규칙적으로 물을 주는 거라고 생각할 수 있습니다. 하지만 그것만으로는 부족해요. 조금 더 관심을 갖고 식물의 내면을 세심하게 들여다보는 연습을 할 필요가 있습니다.

plan 2에서는 흙, 빛, 물, 바람, 온도, 습도 등 외부 환경 요인들이 각각 어떤 역할을 하는지 알아볼 건데요. 개별적인 이론을 아는 것도 물론 중요하지만 이 모든 요소들은 유기적인 관계를 갖고 있다는 걸 이해하는 게 가장 중요해요. 흙은 물에 의해 젖고, 빛과 바람에 의해 마릅니다. 빛은 실내 온도를 조절하는 역할도 하지요. 이런 과정을 통해 식물은 광합성 작용이라는 것을 하고, '식물이 하는 호흡'이라 표현하는 증산 작용도 함으로써 스스로 습도를 조절한다는 것을 알아야 합니다. 하나씩 자세히 설명할 테지만 모두 연결되는 요소라는 것을 잊지 마세요.

1.　식물에게 집이 되어주는 흙

우리에게 먹고 자고 쉬는 집이 있는 것처럼 식물에게 흙은 그런 존재입니다. 아무리 지극 정성으로 식물을 돌보더라도 정작 식물들이 살아가는데 필요한 것들은 모두 흙이 해준다고 해도 과언이 아니에요. 뿌리를 덮어 보온을 해 주고, 몸체를 지지해 주며, 살아가는데 필요한 양분과 수분을 공급하는 역할까지 모두 흙이 담당합니다. 우리는 이렇게 중대한 역할을 맡고 있는 흙에 양분과 수분이 과하거나 부족하지 않은지, 혹은 문제가 있지는 않은지 시시때때로 살펴주기만 하면 되죠.

식물은 아플 때 잎을 변화시켜 우리에게 표현을 합니다. 반점을 드러내거나 색을 노랗게, 까맣게 변화시키기도 하는데, 이러한 표현들은 단순히 잎에 생긴 문제가 아니라 흙 속을 살펴주어야 하는 신호라는 것을 알고 있어야 합니다. 대부분의 원인은 흙 속에 있기 마련이거든요. 흙에 물이 적당하고 흙 상태가 좋다는 신호 역시 쫑긋하고 반짝이는 잎을 통해 표현합니다. 나아가 흙과 식물을 담는 화분은 집의 외관을 의미한다고 생각하면 좋을 것 같아요. 집을 짓는 외벽 자재에 따라 내부 온도, 바람 통함 등 많은 환경이 달라질 수 있듯이 식물에게 있어 화분의 재질은 그런 역할을 담당합니다. 때문에 식물의 특성에 맞는 화분을 선택하고 흙을 배합하는 일이 중요하답니다. 식물들이 살아가는데 집의 역할을 해주는 흙을 건강하게 유지시키는 것은 가드닝의 기본 중에 기본입니다.

○ 건강한 흙이란?

성장에 필요한 영양 성분들이 골고루 들어 있고 식물이 필요로 할 때 이것들을 적당량 공급하며, 산도가 적절하고, 보수·보비력이 우수한 흙을 '건강한 흙'이라 할 수 있습니다. 뿌리가 숨 쉴 수 있게 적당한 공기를 공급해 주는 역할도 잘 해내야 하고요. 토양 산도에 대해 조금 더 자세히 설명하자면, 식물의 성장에 필수적인 질소(N), 인산(P), 칼륨(K)과 같은 영양 성분들은 토양 산도에 따라 뿌리에 흡수되는 정도가 다른데 PH 5.5~7 범위에서 가장 흡수가 잘 돼요. 약산성, 중성 토양이며 대개의 원예용 상토는 해당 산도에 맞춰 생산됩니다. 오래된 흙의 경우 산도가 적절하지 않을 수 있기에 비료를 줘 영양분을 보충하거나 적정 시기에 화분 속 흙갈이를 해주곤 하죠.

식물은 잎으로 호흡합니다. 대사 작용 및 증산 작용에 의해 소모된 수분을 보충하기 위해 흙의 수분을 흡수하는데요. 이는 뿌리 주변에 언제나 적당한 수분이 있어야 하는 이유입니다. 이렇듯 건강한 흙은 양분과 수분을 받아들여 보유했다가 식물이 필요로 할 때 뿌리를 통해 줄기로, 잎으로 전달하는 저장소 역할을 합니다. 때에 맞춰 충분한 양의 물을 주는 것, 그 물이 제때 잘 마를 수 있도록 통풍을 시켜주고 적절한 온도와 습도를 맞춰주는 것이 우리가 해야 할 가장 중요한 일인 거죠. 너무 오랜 시간 젖은 상태가 유지돼 뿌리를 습하게 하는 흙도, 너무 빨리 말라 뿌리를 건조하게 만드는 흙도 식물에게 해를 입힐 수 있습니다. 또한 흙 속에 산소가 없으면 뿌리 세포들이 질식해 부분적으로 혹은 뿌리 전체의 조직을 상하게 하기 때문에 앞서 중요한 일이라고 이야기한 것을 잘 기억해 두고 환경을 맞춰 주는 노력이 중요합니다.

○ 흙 마름에 영향을 주는 요소

통풍이 불량한 환경일 경우 흙이 잘 마르지 않는데요. 외부 환경적인 요소 외에도 흙 마름을 더디게 하는 원인이 있습니다.

흙의 배수층

원활한 물 빠짐과 공기 흐름을 위해 흙에 배수를 돕는 재료들을 적절히 섞어줘야 합니다. 흙만으로 가득 채운 화분에서는 식물이 제대로 호흡할 수 없어요. 주로 입자가 적당히 굵은 마사토, 펄라이트 등을 활용합니다.

● 배수를 돕는 재료들이 섞여 있는 흙

마감재

식물을 화분에 심은 후 흙 표면에 마사토를 꾹꾹 눌러 담아 마무리하곤 하는데, 이는 통풍에 제약을 주기에 가급적 사용하지 않기를 권합니다. 표면에 마감재를 가득 채우면 육안으로 흙 마름을 확인할 수 없어 물 주는 시기를 판단하는데도 어려움이 생깁니다. 그때그때 걷어내면 되긴 하지만 매번 이렇게 하려면 꽤나 번거롭답니다.

다. 과습이 발생했을 경우 결국 마사토부터 걷어내야 하니 애초에 올리지 않는 것이 여러모로 좋겠죠.

식물체가 흙의 힘 만으로는 지지할 수 없을 때는 마감재를 적절히 활용합니다. 마사토가 사방에서 식물을 지탱하는 역할을 해주기 때문이죠. 마감재는 디자인적인 부분에서 중요한 역할을 하기도 하는데요. 같은 식물이어도 어떤 마감재를 쓰느냐에 따라 느낌이 달라질 수 있어요. 또한 물을 줄 때 흙에 섞인 가벼운 재료들이 둥둥 떠오르기도 하는데 마감재가 이를 막아줘 전체적으로 화분을 깔끔하게 관리할 수 있습니다. 저도 종종 마감재를 사용하는데요. 장점도 있지만 단점도 있다는 걸 명확히 알고 무분별하게 사용하지 않는 것이 중요합니다.

화분의 재질
무조건적으로 토분이 식물에게 가장 좋다고 할 수는 없지만 흙이 잘 마르는 것을 고려할 때 토분만 한 것이 없어 가드닝 시 추천하곤 합니다. 상대적으로 유약이 발린 도자기, 플라스틱, 유리, 금속, 시멘트 성분이 들어있는 화분(테라조 화분)은 통기성이 떨어집니다. 또한 같은 토분일지라도 두껍고 무거운 재질로 된 것은 바람이 잘 통하지 않아 젖은 흙을 더디 마르게 합니다. 토분 외의 화분을 사용할 때는 흙에 배수를 돕는 재료(펄라이트, 마사토 등)를 각별히 신경 써서 더하고, 통풍이 원활한 환경을 만들어 주세요.

이태리 토분 / 베이직한 디자인이 많아 식물과도, 공간과도 잘 어우러지지만 다소 단조롭고 지루한 느낌이 들 수 있습니다. 베트남산 빈티지 토분에 비해 얇고 가벼우며 배수 구멍도 큰 편이라 흙이 잘 마른다는 장점이 있어요. 다른 토분에 비해 가격이 저렴하며 판매처가 많아 쉽게 접할 수 있습니다.

베트남산 빈티지 토분 / 토분은 원산지마다 다른 특징을 보이기도 하는데 사용해 보니 베트남산 토분은 흙이 젖은 후 잘 마르지 않았습니다. 디자인이 투박해 식물과 조화로워 시각적으로는 예쁘지만 무겁고 두꺼워 통풍이 잘되지 않아요. 또한 배수 구멍이 작은 경우가 많아 과습에 주의해야 합니다.

플라스틱 화분 / 가벼우나 통기성이 떨어집니다. 상품으로 출시된 플라스틱 화분이 아닌 농장에서 출하될 때 쓰이는 기본 플라스틱 화분에서는 오랜 시간 식물을 키우지 않기를 권합니다. 양분과 수분도 부족하거니와 식물의 뿌리가 뻗어나가기엔 공간이 너무 좁기 때문이죠. 저의 경우 두 달 내로는 꼭 분갈이를 해주려고 노력합니다. 플라스틱 화분은 크고 무거운 식물을 심을 때 유용하기도 해요.

테라조 화분, 시멘트 화분 / 테라조 화분은 대리석에 시멘트를 혼합해 만든 화분입니다. 때문에 무겁고, 잘 깨지기도 합니다. 배수 구멍이 작은 경우가 많아요. 시멘트만으로 만들어진 화분도 있는데 역시나 무겁고 통풍에 제약이 많아 과습이 오기 쉽습니다. 초보 가드너라면 멀리해야 할 소재의 화분이에요.

유약이 발린 도자기와 세라믹 화분, 유리 화분 / 다채로운 느낌을 내기에 예쁘나 통기성이 떨어져 과습에 주의해야 합니다. 식물 관리에 자신감이 붙은 상태라면 되려 물을 자주 주지 않아도 되니 편리하게 사용할 수 있습니다.

금속 화분 / 충격에 강하고 변형이 적어 오랜 시간 사용할 수 있지만 가격이 비싸고 무거운 경우가 많습니다. 소재 특성상 장시간 햇빛을 받을 경우 발열이 생겨 화분 속 흙의 온도에 영향을 줄 수 있고 바람이 잘 통하지 않기 때문에 과습의 위험도 있습니다.

- 다양한 이태리 토분

- 다양한 빈티지 토분(주로 베트남산)

- 플라스틱 화분

- 테라조 화분

- 유약이 발린 도자기와 세라믹 화분

화분의 모양과 크기

입구는 좁고 아래로 갈수록 넓어지는 형태이거나 원통형, 항아리형 화분은 물이 화분 저면에 고여 있기 십상입니다. 공기에 노출된 흙의 표면적이 좁기에 바람과 마주하기 어려워 젖은 흙이 더디 마를 수밖에 없죠. 따라서 식물을 위한 화분은 아래로 갈수록 좁아지는 형태를 선택하는 것이 좋습니다. 입구가 좁은 화분의 경우 당장은 괜찮더라도 1~2년 뒤 식물의 뿌리가 커져 분갈이를 해야 할 때 화분을 깨야 하는 상황이 생길 수도 있으므로 가급적 선택하지 않기를 권합니다. 또한 식물보다 화분이 과도하게 크면 흙 마름에 영향을 미쳐 과습을 초래할 수 있습니다. 성장함에 있어 줄기와 잎, 뿌리 모두 커지는 경우가 있고, 잎과 줄기는 커지고 개수가 많아지는데 그에 비해 뿌리 크기 변화는 적은 식물도 있습니다. 이렇듯 화분을 결정할 때 식물의 성장 속도, 뿌리의 양과 크기 등을 고려해야 합니다. 배수 구멍이 작은 화분도 물 빠짐이 더디고 통기성을 떨어뜨리는 원인이 되니 사용을 지양해 주세요.

- 물이 화분 속에 고이기 쉬운 형태
  배수를 돕는 재료를 충분히 첨가해 식재해야 하며 물이 아래쪽에 고일 수 있음을 인지하고 있어야 한다.

● 배수가 잘되는 형태

화분 받침

화분 받침을 잘못 이용할 경우 흙 마름에 방해를 줄 수 있습니다. 화분 받침의 본 역할은 세면대나 화장실에서 물을 준 후 배수 구멍으로 똑똑 떨어지는 정도의 물을 잠시 받쳐 놓는 것입니다. 받침이 놓인 상태로 바로 화분에 물을 주면 배수 구멍으로 흘러나온 물이 받침에 고여 문제를 일으킬 수 있어요. 넘칠까 봐 관수를 금방 멈추게 되어 충분한 양의 물을 주기에도 제약이 있고요. 간혹 물 줄 시기를 놓쳤을 경우 화분 아래에 고여 있는 물을 흡수해 생육 활동에 이용하기도 하지만, 장기간 고여 있는 물은 과습으로 이어지게끔 합니다. 또한 고여 있는 물은 썩기 마련이라 냄새를 유발하거나 날벌레를 불러 모으기도 해요.

○ 흙의 종류 및 배양토의 구성 성분

실내에서 식물을 키울 때 자연의 흙을 그대로 화분에 담아 사용하면 배수성, 통기성이 현저히 떨어집니다. 따라서 이를 보완해 주는 재료가 배합된 인공 토양을 사용해야 해요. '분갈이용 흙', '원예용 상토', '배양토', '혼합토'라 불리는 흙들이 이에 해당됩니다. 흙을 혼합할 때는 기본적으로 물을 흡수할 수 있는 성분, 흡수된 물이 정체되지 않도록 배수를 돕는 성분, 무비·무균 상태의 중성 성분을 적절히 혼합합니다. 시중에 판매되고 있는 배양토(원예용 상토, 분갈이용 흙 등)는 각각의 요소들이 적절히 섞여 있으니 그대로 사용 가능하며, 포장지 뒷면의 첨가물 리스트를 확인하고 식물 종류에 따라 부족한 요소를 별도로 첨가해 사용해도 좋습니다.

배양토는 크게 다육식물용(건조한 모래질의 흙), 관엽식물용(수분을 잘 흡수하는 보슬보슬한 흙)으로 나뉘며 화분에 식물을 심을 때는 특성에 맞는 것을 골라 사용해야 합니다. 관엽식물을 다육식물 전용 흙에 심게 되면 영양 부족이 오거나 과도한 배수 때문에 말라죽을 수 있고, 다육식물을 일반 상토에 심게 되면 영양 과다, 배수량 부족에 의한 과습으로 죽을 수 있습니다. 그렇다면 원예용 상토를 구성하고 있는 성분들은 어떠한 특징이 있는지 알아볼까요?

- 전체적으로 수분감이 없고 가벼운 모래질의 흙. 다육식물, 선인장을 심을 때 사용
  마사토, 펄라이트, 버미큘라이트(질석), 피트모스, 코코피트, 수피(나무껍질), 숯 등

- 전체적으로 수분감과 무게감이 있는 흙. 관엽식물을 심을 때 사용
  마사토, 펄라이트, 버미큘라이트(질석), 코코피트, 수피(나무껍질), 황토 등

- 식물 종류에 따른 배합토 비교
  위: 다육식물용, 아래: 관엽식물용

배수와 통기를 돕는 요소

 **마사토** / 돌과 흙 중간의 입자를 띠고 있는 돌 부스러기입니다. 주로 배수를 돕기 위해 흙에 섞으며, 화분 속 식물의 높이를 조절하기 위해 화분 아래 깔기도 합니다. 식재 후 식물체 지지와 흙 넘침을 막기 위한 멀칭 재료로도 활용합니다. 세척 마사토가 아닌 경우 씻은 후 먼지와 물기를 제거해 사용하세요.

 **펄라이트** / 화산암의 일종인 진주암을 고온 처리한 것으로 가볍고 통기성이 우수합니다. 마사토와 함께 배수를 돕는 목적으로 사용하지만 식재 후 마감을 위한 멀칭 소재로는 적합하지 않습니다. 너무 가벼워 관수 시 떠오르거나 부서질 수 있습니다.

 **난석(휴가토)** / 마사토와 같은 역할을 하는 돌 부스러기로 입자가 큰 것에 비해 무게가 가벼워 대형 식물을 식재할 때 주로 사용합니다. 물을 머금는 성질이 있어 과습에 취약한 식물에는 사용하지 않습니다.

 **버미큘라이트(질석)** / 질석을 고온 처리한 것으로 매우 가벼우며, 보비·보수·배수성이 우수하고, 무비·무균 상태입니다. 양분 보유력이 좋아 삽목, 파종 시 흙에 혼합하여 사용합니다.

 **부엽토** / 낙엽을 썩힌 것으로 토양 산도를 완화시키기 위해 사용합니다. 흙에 섞으면 미생물 활동이 활발해지고, 통기성이 좋아지기도 합니다.

토양 개선을 돕는 유기물

피트모스 / 습지에 이끼가 오랫동안 퇴적되었을 때 생기는 천연 유기물입니다. 보수성, 통기성, 보비력이 좋으며 흙에 섞을 시 수분 유지력을 증가시킵니다. 완전히 건조된 피트모스의 경우 물을 부어도 다시 잘 젖지 않는 성질이 있으니 과하게 마르는 것을 주의하며, 토양 제조 시 수분 흡수가 잘 되도록(굳지 않도록) 습윤제를 혼합하기도 합니다.

코코피트 / 코코넛 열매의 부산물로 피트모스와 유사한 역할을 담당합니다. 보수성, 보비력이 우수하고 통기성도 좋아 장기간 썩지 않습니다. 원예용 상토에 70~80% 포함되어 있는 성분입니다.

수태 / 혼합물이 없는 이끼를 건조한 것으로 가벼우며 보수력, 통기성이 우수하고, 산성을 띠는 특징이 있습니다. 주로 난과 식물이나 착생식물을 재배할 때 흙 대신 사용합니다. 1년 정도 지나면 썩기 때문에 적정 시기에 갈아주어야 해요. 양분 함류량이 적으므로 수태에 식물을 키울 경우 추가적인 영양 공급(시비)이 필요합니다.

바크 / 나무껍질을 말린 것으로 배수성, 통기성이 우수합니다. 소나무 껍질이 가장 흔하게 사용됩니다. 멀칭 재료로 사용하거나 적당한 크기의 바크를 다른 혼합 물질과 적당한 비율로 섞어 활용합니다.

추가 혼합할 수 있는 선택 요소

지렁이 분변토 / 뿌리 활착 및 생장을 돕는 비료입니다. 토마토, 고추, 고구마, 감자 등의 채소류처럼 영양분을 많이 필요로 하는 식물에 첨가하여 사용합니다. 일반 관엽식물에도 사용할 수 있으나 사용량을 적절히 조절하는 것이 중요합니다.

훈탄 / 짚, 낙엽 등을 태워 얻은 재를 인분과 섞어 만든 거름입니다. 훈탄에 함유된 숯은 항균 작용이 있어 병충해 예방을 돕습니다. 토양에 산소를 공급해 뿌리 무름을 막기도 하고, 토양 산도 조절에도 도움을 줍니다.

위 2가지 요소는 주로 따로 구입해 일반 원예용 상토와 혼합하여 사용합니다. 편의를 위해 섞인 상태로 판매되는 흙도 있지만 일반 원예용 상토와는 가격 차이가 있습니다. 개인적인 의견이지만 실내 가드닝 시 일반 상토만을 사용했을 때와 눈에 띄는 효과를 증명하기엔 어려움이 있어 적극 추천하는 요소는 아닙니다. 저렴한 흙을 사용해도 잘 키워내는 사람이 있는가 하면, 비싸고 좋은 흙, 고급 브랜드의 화분을 사용해도 잘 키워내지 못하는 사람이 분명 존재합니다.

○ 적절한 흙 배합이란?

건조에 강하고 습기를 싫어하는 선인장의 경우 통기성을 높이는 모래와 마사토의 비율을 늘려야 하고, 물을 좋아하는 천남성과 관엽식물들은 수분 유지력이 좋은 피트모스를 섞어 흙을 배합하는 것이 좋습니다. 배수성과 통기성을 높여 주기 위해 첨가하는 재료로는 펄라이트, 버미큘라이트가 가장 흔히 사용되고, 경우에 따라 모래와 마사토도 사용됩니다. 저는 보통 원예용 상토와 마사토를 7:3 혹은 6:4 비율로 혼합해 사용하고 있습니다. 경우에 따라 펄라이트와 코코피트를 별도로 추가하기도 하는데, 배수가 원활해야 할수록 이들의 비율을 늘리는 방식으로 배합합니다. 참고로 흙은 젖었을 때나 말랐을 때나 부피가 일정해야 하며, 너무 가벼운 흙을 사용해 밀도가 떨어지면 식물체를 지지하기 어려울 수 있다는 것을 알아두세요.

흙은 어디에서 사야 하는지, 다이소 흙을 써도 괜찮은지에 대한 질문을 자주 받곤 하는데요. 가드닝 도구를 판매하는 가게나 온라인 몰에서 손쉽게 구입할 수 있는 분갈이용 흙을 사용하면 됩니다. 다이소에서 판매하는 흙도 괜찮아요. 식물들을 힘들게 하는 건 저렴한 흙이 아닙니다. 어떤 성분들이 들어 있는지 확인하고, 식물의 특성에 맞게 영양을 보충해 주며, 배수를 돕는 요소를 적절히 섞어주고, 때가 되면 갈아주는 등의 소소한 관심만 있으면 충분합니다.

○ 흙에 생긴 문제, 과습

과습은 '흙에 물이 과하게 많고, 공기가 부족한 상태'를 말합니다. 식물이 필요로 하는 것보다 자주 혹은 많이 물을 주거나, 흙의 배수가 불량하거나, 식물의 특성 및 계절을 고려하지 않고 일정한 주기로 주는 물 등의 이유로 흙에 과습이 오면 식물의 생장에 문제가 생길 수 있습니다.

흙이 과하게 젖어 있을 경우 공기가 적게 통해 흙의 산소 농도가 낮아지고 이로 인해 뿌리의 호흡 작용이 억제되면 양분과 수분의 흡수에 필요한 에너지 공급이 원활하지 못하게 됩니다. 결국 뿌리의 생육이 느려지죠. 뿌리는 흙이 적당히 말랐을 때 움직이기 때문에 늘 습해 있는 환경에서는 물을 흡수하기 위해 노력을 하지 않아 결국 식물 자체의 생육이 느려집니다. 또한 과습 시 토양 미생물의 활동이 억제되어 유기물의 산화적 분해가 지연되며, 혐기성 미생물의 활동으로 유독성 물질이 생성되어 식물에 해를 입힐 수 있습니다. 갈색 반점이 생기고, 잎이 노랗게 변하는 황화 현상의 원인이 되죠.

좀 더 쉽게 설명해 볼게요. 식물의 뿌리는 물을 찾아 뻗어내는 일을 합니다. 이 과정에서 얻은 운동 에너지를 활용해 뿌리는 흙의 양분과 수분을 흡수한 후 줄기와 잎으로 이를 이동시킵니다. 이어 잎은 양질의 빛을 받았을 때 뒷면을 통해 이산화탄소를 흡수해 줄기를 타고 뿌리로 이를 옮깁니다. 이 과정이 반복되며 식물은 생육을 하는 거죠. 하지만 만약 흙이 늘 젖어 있다면 뿌리는 활동할까요? 이럴 경우 뿌리는 움직임이 줄어들어 둔해지고, 결국 썩고 바짝 마를 수밖에 없습니다. 일련의 과정을 '광합성 작용'이라고 하며 이에 관여하는 기관 중 한 곳이 막혀 제대로 순환이 일어나지 않으면 식물은 잎의 상태를 변화시키며 문제를 드러낼 거예요. 식물이 어떤 원리로 생육하는지 이해하는 것부터 차근차근 알아가면 식물들의 언어를 이해하는 일이 조금 더 쉬워질 겁니다(광합성 작용에 대한 자세한 설명은 63쪽의 빛 파트에서 이어서 할게요).

과습 시 나타날 수 있는 증상 요약

· 뿌리 활동이 방해돼 생육이 더뎌집니다.

· 위쪽 새순이나 새 줄기에 잎 처짐 등의 변화가 생깁니다.

· 잎에 갈색 반점이 생기거나 황화 현상이 나타납니다.

· 흙 표면에 곰팡이와 버섯이 생길 수 있습니다. 곰팡이는 화분 표면에 생기기도 합니다.

· 축축한 환경을 좋아하는 균이 번식하며, 식물의 면역력을 떨어뜨려 병충해를 유발합니다.

● 과습과 통풍 불량으로 인한 버섯 발생

과습 시 대처 방법

이제 과습에 대해 이해가 되었나요? 하지만 막상 식물에 문제가 생기면 과습에 의한 건지, 건조에 의한 건지 육안으로 파악하기가 쉽지 않을 겁니다. 우리는 보통 이 둘을 구분하지 못해 계속해서 물을 주다가 식물의 상태를 악화시키는 경우가 많아요. 아픈 식물에게 눈에 띄게 해줄 수 있는 일이 물 주는 것밖에 없다는 생각에 나름의 노력을 하는 것이지만 이는 식물을 더 힘들게 할 뿐입니다. 과습의 피해를 입은 식물은 뿌리가 수분 섭취를 못하기에 잎이 처지고, 위쪽 새순이나 새 줄기에 문제가 생길 수 있습니다. 반대로 물이 부족한 경우에는 아래쪽 잎부터 마르거나 떨어지는 현상을 보입니다. 또한 과습에 의해 질퍽해진 흙은 밀도가 높고 압축되어 통기성이 낮은 상태가 되는데요. 이럴 경우 관수 시 물이 흙에 스미는 것이 아니라 화분벽을 타고 흘러버려 정작 뿌리는 수분을 흡수하지 못하게 됩니다.

과습이 왔을 때는 흙이 잘 마를 수 있도록 통풍을 신경 써 주는 것이 급선무입니다. 창문을 열어 자주 환기를 하고, 서큘레이터와 같은 도구를 사용해 공기의 순환을 도와야 합니다. 식물에게 직접적인 바람을 쐬게 하는 것은 좋지 않으니 벽이나 공간을 향해 도구를 켜고 간접 바람이 불도록 해주세요. 통풍만으로 상태가 나아지지 않는다면 흙을 교체해야 할 수도 있는데요. 이때 뿌리가 다치지 않도록 조심스럽게 꺼낸 뒤 공기와 물이 잘 통할 수 있도록 마사토와 같은 입자가 굵은 요소를 첨가해 주어야 합니다. 분갈이 시기가 되지 않은 식물을 화분에서 인위적으로 꺼낼 시 식물이 스트레스를 받아 몸살을 겪을 수 있다는 점도 인지하세요.

○ 흙에 생긴 문제, 건조

과습도 문제지만 실제 충분한 양의 물이 공급되지 않아 죽는 경우도 많습니다. 물을 주는 주기가 지나치게 간헐적이거나, 물은 충분히 줬지만 대기가 건조해 흙 속 수분이 예상보다 빠르게 증발될 경우 식물에게 문제가 생길 수 있습니다. 대기가 건조하면 잎이 해를 입기도 합니다. 흙 속이 지나치게 말라 쩍쩍 갈라지는 상태가 되면 흙에 물길이 생깁니다. 아무리 물을 줘도 정작 뿌리가 물을 흡수하지도 못한 채 갈라진 틈으로 물이 빠져나가는 상황이 발생하는 것이죠. 하지만 우리는 물이 잘 빠져나오니 충분히 관수했다는 착각을 하게 됩니다.

식물이 건조해 보인다면 흙의 상태를 좀 더 면밀히 살펴보세요. 참고로 원예용 상토의 구성 성분 중 피트모스는 한 번 마르면 물을 잘 흡수하지 못하는 성질이 있으니 이 성분의 비율이 높은 흙을 사용할 경우 너무 건조해지지 않도록 관리할 필요가 있습니다.

특히 실내에서 키우는 식물은 건조 피해를 입기 십상입니다. 요즘 어느 공간을 가더라도 식물 한두 개쯤은 있기 마련인데, 상태가 온전히 좋은 곳을 찾아보기가 쉽지 않은 것 같아요. 히터 바람에 바싹 마르고, 에어컨 바람에 냉해를 입는 등 비실비실한 식물을 보면 참 속상하더라고요. 그중 기억에 남는 일화 하나를 전하고 싶습니다. 대형 식물 서너 개가 멋진 인테리어를 담당하고 있는 카페를 방문한 적이 있어요. 호기심에 둘러보다가 화분 속 흙이 중앙만 젖어 있는 것을 목격했습니다. 젖었다가 마르는 과정이라고 보기엔 도넛 모양처럼 가장자리는 마르고 중앙만 젖어 있는 거예요. 오지랖 많은 성격 탓에 궁금증을 참지 못하고 직원에게 왜 이런지 질문을 했죠. 식물의 뿌리는 중앙에 있으니 가운데 위주로 물을 주면 되는 거라 생각했다는 답을 들었습니다. 아주 일리가 없는 말은 아니었지만 실제 식물이 물을 흡수하는 과정에서는 사방으로 흩어진 잔뿌리들의 역할이 더 중요하다는 사실에 대해 알려드렸더니 놀라 하던 기억이 납니다. 그리고 대형 화분에 심긴 식물의 경우 간편하게 충분한 양의 물을 줄 수 있도록 바퀴와 물받침이 달린 화분 받침을 사용하기를 권한다는 말도 덧붙였어요. 다행히 제 오지랖을 불편해하지 않고 고맙게 받아들여주어 안도하는 마음으로 카페를 나왔던 경험이 있답니다.

* 남은 흙 보관법

두고두고 쓰겠단 생각에 흙을 포대 단위로 구입하는 것은 웬만하면 지양해 주세요. 앞서 언급했듯 흙은 시간이 지남에 따라 변질되고 유통기한이 있어 가급적 빠르게 사용하는 것이 좋습니다. 조금 더 값을 내더라도 작은 단위로 소분되어 있는 흙을 구매해 사용하는 것을 추천합니다. 개봉한 흙은 최대한 밀봉해 보관하고 완전히 밀봉할 수 없다면 통풍이 잘되는 곳에 두고 빠른 시일 내에 사용하세요.

● 건조한 상태의 황칠나무.
　물을 주니 기운을 차린 모습

2. 빛은 10시간이면 OK

식물을 들이고자 마음먹은 분들을 만났을 때 자주 듣는 질문이 있습니다. "집에 빛이 잘 안 드는데, 식물을 잘 키울 수 있을까요?" 그 질문에 대한 제 대답은 "네!"입니다. 빛이 잘 드는 것도 중요하지만 집안으로 바람이 얼마나 잘 들고, 공기가 얼마나 잘 순환되느냐가 식물을 키우는데 훨씬 더 중요합니다. 빛은 물과 바람에 비해서는 선택적 요소에 가깝다고 할 수 있습니다. 물론 빛을 받아야 광합성 작용(64쪽)을 제대로 할 수 있으니 생육에 중요한 요소인 건 너무도 당연하지만 양질의 빛을 받지 못하는 환경이라고 해서 식물을 키우지 못하는 건 아니니 큰 걱정을 하지 않아도 괜찮아요.

식물은 24시간 내내 양질의 빛에 노출될 필요가 없습니다. 10~12시간 정도만 빛에 노출될 수 있다면 웬만한 식물은 살아가는데 큰 지장을 받지 않습니다. 장기적인 관점에서 본다면 양분이 충분히 공급되지 못하기에 신진대사에 영향을 끼치고, 때문에 성장이 더디거나 비실해 보일 수는 있지만요. 물이 없어 죽는 것, 흙이 마르지 않아 과습되어 죽는 것보다는 비교적 치명적이지 않기 때문에 선택적 요소라 표현했으나 우리는 식물의 광합성을 돕는 데 최소한의 노력을 해야 합니다. 형광등, 식물등, 식물재배용 LED 등 자연의 빛을 대체할 인공의 요소들이 있으니 가능한 선에서 노력을 보여주길 바랍니다. 빛이 적은 여건의 공간은 바람도 잘 들지 않을 확률이 높은데 만약 그럴 경우에는 큰 문제가 될 수 있습니다.

○ 광합성이란?

식물은 '광합성'이라는 대사활동을 하며 살아갑니다. 우리가 숨을 쉬며 밥과 물을 먹고 잠을 자는 것처럼 생육에 있어서 필수적인 과정이에요. 우선 광합성을 위해서는 물과 이산화탄소가 필요합니다. 대개 식물이 물만 먹고 산다고 생각하지만 물은 광합성에 사용되는 물질일 뿐이고, 두 물질의 반응에 의해 생성된 산소와 포도당(양분)이 식물을 살아가게 하는 에너지원이 되는 것이죠. 광합성의 원리와 역할을 차근차근 설명할 테니 천천히 이해해 보세요.

식물의 잎 뒷면에는 기공이 있습니다. 양질의 빛을 받으면 기공이 열리면서 공기 중의 이산화탄소를 흡수하고 잎의 앞면을 통해 산소와 수분을 밖으로 배출하며 호흡합니다. 흡수된 이산화탄소는 대사 산물로 이용되는데요. 잎과 줄기를 타고 뿌리로 에너지를 보낸 후 흙으로부터 수분과 양분을 흡수해 다시 줄기를 타고 잎으로, 과실로, 꽃으로 에너지를 전달합니다. 줄기 속 물관, 잎 뒷면의 잎맥이 사람의 혈관과 비슷한 역할을 해 주는 것이죠. 넓은 면적의 잎에는 튼튼한 잎맥이 존재하기 때문에 형태가 팽팽하게 유지되는 것이기도 하고요. 이런 순환 과정을 광합성이라고 하고 광합성이 원활할 때 비로소 식물은 건강하게 잘 자랍니다(건조한 지역이 자생지인 다육식물은 독특하게 기공이 밤에 열리는 광합성을 합니다).

식물에게 말을 걸어주면 잘 자란다는 이야기가 있습니다. 실제 사람이 호흡을 하면 이산화탄소를 뿜기 때문에 식물 입장에서는 대사산물이 많아지는 셈이죠. 나름 과학적인 표현입니다. 그렇다고 해서 이산화탄소 농도가 과해지면 질식할 수 있으니 적절한 환기로 산소와의 농도 비율을 맞춰줘야 합니다.

○ 빛 선호도에 따른 식물 분류

식물의 종류마다 각각 선호하는 광도(밝기의 정도)에 차이가 있습니다. 크게 양지 / 반양지 / 반음지 / 음지 4가지로 나누곤 하는데요. 우리가 실내에서 키우는 식물은 상당수 간접광을 선호하는 편이라 반양지, 반음지에서 키우면 무난하게 잘 자랍니다. 커튼이나 블라인드, 창문을 통해 스미는 빛의 밝기를 좋아하는 거죠. 직사광이 성장에 필수인 식물도 있지만 대부분은 사람이 생활하기에 너무 어둡지 않은 정도의 조도를 유지시켜 주면 충분합니다. 조도계를 활용해 적당량의 빛이 드는 공간을 찾아서 식물을 배치하면 더욱 좋습니다. 요즘은 앱(예 : LUX Light Meter FREE)을 활용해 조도를 측정할 수도 있으니 이를 활용해 보세요.

- 블라인드 너머로 간접광을 쬐는 식물들

자생지에서 빛을 넉넉히 받지 못하며 자란 식물은 대부분 잎 면적이 넓습니다. 최소한의 빛을 최대로 활용해야 하는 상황이었기 때문이죠. 대표적으로 몬스테라, 휘커스 움베르타 등을 예로 들 수 있습니다. 반면 빛이 충분한 환경에서 자란 식물은 잎 면적을 키우는 것과 같은 노력을 할 필요가 없었을 겁니다. 선인장과 다육식물은 잎 면적이 좁죠. 대신 강한 빛 아래서 수분을 빼앗기지 않기 위해 몸체가 도톰해진 것입니다. 선인장과 다육식물만큼은 아니어도 잎이 두꺼운, 고무나무 등의 식물을 보면 같은 힌트를 얻을 수 있죠. 이러한 식물은 대부분 건조에도 강합니다. 만약 선인장의 가시가 넓은 잎이었다면 증산 작용과 광합성 작용이 너무 빨리 일어나 수분을 금세 빼앗겨 말라 죽었을 거예요. 잎 면적을 줄이고 아예 가시화시켜 비가 오지 않는 긴긴날들을 버틴 것입니다. 그러니 식물마다 어떤 환경에 적응하며 살아왔는지 알아보고 최대한 비슷한 조건을 만들어 주세요.

광도별 추천 식물

양지(10,000~30,000Lux) / 꽃을 피우거나 과실을 맺는 식물, 허브류, 서양란, 아카시아류는 양지 환경을 선호합니다. 또한 초록색의 무지 잎을 가진 식물보다는 독특한 색이나 무늬가 있는 식물이 빛을 더 많이 필요로 합니다. 선인장과 다육식물도 해당 광도에서 키우는 것이 좋으며, 이들은 가능하다면 30,000Lux 이상의 환경에서 관리하는 것이 생육에 적합해요. 하지만 일부 선인장(립살리스류)은 직사광에 약하기도 하니 원산지의 생육 환경을 고려해 위치를 선정합니다.

반양지(5,000~10,000Lux) / 잎 두께가 두껍거나 무늬가 있는 대부분의 관엽식물은 반양지 환경을 선호합니다.

반음지(2,000~5,000Lux) / 대부분의 관엽식물은 반음지에서도 잘 자랍니다. 일반적으로 열대 밀림이 원산지인 식물들은 빛 요구도가 낮은 편입니다. 나무가 우거진 환경에 적응해 빛이 부족해도 잘 자라는 것이죠. 또한 교목보다는 관목이, 관목보다는 덩굴식물이나 바닥에 깔리는 형태로 자라는 작은 지피식물들의 빛 요구도가 훨씬 낮은 편입니다. 참고로 교목은 키가 8m 이상, 관목은 2m 이내로 자라는 나무를 가리킵니다.

음지(300Lux) / 내음성이 아주 강한 관엽식물은 음지에서 생장이 가능합니다. 화장실과 같은 환경을 음지라 할 수 있는데 내음성이 강한 식물이라도 쭉 이런 환경에 노출하는 것은 안 좋습니다. 최소 500Lux 이상의 광도는 필요하기에 주기적으로 빛이 드는 장소에 옮겨 두어야 합니다.

○ 빛이 부족하면 생기는 증상

빛이 부족한 공간에서는 식물이 광합성을 제대로 할 수 없습니다. 때문에 신진대사에 장애가 생기고 결국 식물들은 웃자라게 됩니다. '웃자란다'는 표현은 줄기가 가늘어져 힘 없이 길어지고, 잎의 면적은 커지나 얇아지며, 뿌리의 발달 또한 불량하게 되는 현상을 말합니다. 결국 잎이 노랗게 변하다가 우수수 떨어지고, 전체적으로 외형이 좋지 못한 형태로 변하게 되죠. 빛 부족이 장기화된다면 식물은 죽고 말 거예요. 또한 어두운 곳을 벗어나 밝은 곳을 찾는 것은 식물의 본능입니다. 해가 비치는 창가 쪽으로 줄기가 점점 기우는 것도 이러한 이유 때문이죠. 빛이 부족한 환경에서는 어떻게든 더 많은 빛을 받기 위해 줄기는 길게, 잎은 크게 자라다 보니 웃자람 현상이 발생하는 것입니다.

웃자람을 막기 위해서는 적절한 양의 빛을 쬐어주는 것도 중요하지만 화분을 적절히 돌려주며 수형이 한쪽으로 치우치지 않도록 하는 과정도 필요합니다. 참고로 일반 관엽식물에 비해 구근류나 토마토처럼 꽃을 피우거나 과실을 맺는 실외 식물들은 창가에서 키운다고 해도 빛이 부족하다 느껴 웃자람 현상이 쉽게 발생합니다. 따라서 공간에 빛이 부족하다면 이러한 식물은 애초에 실내에서 키우지 않는 것을 권합니다.

● 빛을 따라 자란 청기린

- 빛을 따라 자란 바이텍스　　　　　　● 빛 부족으로 가늘고 길게 웃자란 다육식물

상대적으로 빛이 부족한 공간은 온도가 낮아 흙이 잘 마르지 않을 수 있습니다. 빛 부족이 과습으로 이어지는 요인이 되는 것이죠. 빛이 부족한 환경에서 기른 탓에 약해진 식물은 전체적으로 대사 활동이 줄어든 상태이므로 수분과 양분도 이에 맞춰 줄여서 공급해야 합니다. 빛 부족으로 약해진 식물을 회생시키기 위해 물이나 비료를 과다 투여하는 것은 식물을 더 빨리 시들게 하니 주의하세요.

○ 빛이 과하면 생기는 증상

식물이 필요로 하는 양 이상으로 과하게 빛을 받으면(하루 18시간 이상) 과도한 수분 증발이 발생할 수 있습니다. 잎이 마르거나 타고, 작고 두껍게 변하며, 잎에 갈색 반점이 생기기도 합니다. 줄기 마디 사이의 간격이 짧아져 성장에 지장을 주기도 하죠. 특히 음지 식물은 잎의 엽록소가 파괴되는 일소 현상이 나타날 수 있는데, 잎이 갈색으로 변하다 괴사할 수도 있으니 빛의 정도를 조절해 줄 필요가 있습니다. 참고로 빛을 의도적으로 막는 것을 '차광'이라고 표현합니다.

○ 자연의 빛을 대체해 주는 인공광

태양광은 양질의 빛 에너지를 공급해 주며, 자외선은 살균 작용을 도와 곰팡이나 박테리아를 제거해 주는 효과도 있습니다. 또한 식물은 물론 우리 사람에게도 심리적 활력을 불어넣어 줍니다. 자생지의 낮 길이를 감안하여 하루에 최소 4시간 이상, 평균 10~12시간 정도 햇빛을 쬐어주는 것이 바람직합니다. 하지만 식물이 필요로 하는 자연광을 충분히 쬐어주지 못하는 환경이거나 적절히 조절하는 게 어렵다면 인공광을 활용해 보세요.

식물의 잎이 대부분 초록색 또는 노란색을 띠는 이유는 파란색과 빨간색 파장을 흡수하여 사용하고 초록색과 노란색 파장은 반사하기 때문입니다. 이러한 원리를 기반으로 식물 전용 형광등은 식물이 광합성 작용과 엽록소 합성 작용을 가장 잘 일으키는 파란색, 빨간색 파장만을 방사하는 특징이 있습니다. 식물의 성장 촉진을 위한 목적으로 만들어진 것이기에 사람을 위한 조명이 아니라는 걸 알아둬야 합니다. 식물의 성장에 식물 전용 등이 좋다고 하여 하루 종일 켜두는 것은 위험한 행동입니다. 식물도 사람처럼 낮과 밤을 느끼며 적절한 휴식을 취해야 호흡과 광합성 작용을 제대로 할 수 있습니다. 온도가 올라가고 조도가 확보된 시간에는 충분히 광합성을 할 수 있도록 해 주고, 밤 시간에는 식물이 쉴 수 있도록 편안한 환경을 만들어 주세요(일부 다육식물은 낮에 쉬고, 밤에 광합성을 하기도 해요). 이런 특징을 이용해 밤낮으로 성장할 수 있도록 밝기를 유지하면 의도적으로 개화를 촉진시키거나 열매를 많이 맺게 할 수도 있습니다.

시중에는 충분한 광량과 다양한 파장을 내는 식물 전용 LED 조명이 출시되어 있습니다. 이러한 식물 전용 등은 발열이 없어 식물 가까이에 두고 사용할 수 있지만 너무 가깝게 두면 대사에 방해가 될 수도 있으므로 적당한 거리를 확보하는 것이 좋습니다.

3. 적절한 타이밍에 물 주기

"물 많이, 빛도 많이! 그리고 자주!" 식물을 처음 키워본다면 흔히 할 수 있는 실수입니다. 대부분의 식물이 물과 빛을 좋아할 거라는 판단과 규칙적으로 물을 주는 노력은 식물에게 고통을 줄 수 있습니다. 그렇다면 대체 물은 어떻게 얼마나 주는 게 적당할까요? 많이 주면 과습으로 죽는다고 하고, 덜 주면 건조해서 죽는다고 하는데 도대체 어떤 기준으로 물을 줘야 할지 참 혼란스럽죠.

우선, 우리가 피해야 할 행동은 '일주일에 한 번씩 물 주기' 같은 무조건적인 규칙을 만드는 것입니다. 흙이 젖었다가 마르고 호흡할 수 있는 시간이 적당히 확보되어야 하는데, 이 과정은 주변 환경에 따라 충분히 달라질 수 있거든요. 날씨가 습하거나 화분 특성상 물이 마르는 속도가 늦다면 주기를 늘려야 하고, 건조한 날씨가 지속된다면 주기를 줄여야 하죠. 물 주는 방법에 대해 공부해 본 적이 있다면 '겉흙, 속흙이 말랐는지 직접 체크하고 물을 줘야 한다'는 사실을 익히 알고 있을 거예요. 손가락이나 젓가락을 흙에 찔러 넣어 확인을 해보라고 하는데 이렇게 해도 지금쯤 줘야 하는 건가, 더 기다려야 하나, 얼마큼 줘야 하나 아리송할 수 있습니다.

지금부터 우리는 식물이 어떤 방식으로 물을 흡수하는지, 흡수된 물은 생육에 어떻게 이용되는지, 어떤 요인에 의해 흙이 마르고 다음 물 줄 시기를 결정해야 하는지 등 식물의 구조와 환경 요인들을 이해해 보기로 할게요. 다소 설명이 길더라도 잘 따라와 주세요!

○ 물이 하는 일

우리의 몸을 구성하는 성분이 대부분 물인 것처럼 식물도 마찬가지입니다. 식물이 필요로 하는 대부분의 에너지는 토양 내 수분에 의해 식물 내부로 흡수되고, 이는 광합성 원료로 이용돼요. 빛을 잘 받는 것만큼이나 물을 잘 흡수하는 것도 광합성에 굉장히 중요한 요소이죠. 또한 물은 식물이 춥거나 덥지 않도록 체온 조절의 역할을 하며, 팽압을 높여 잎을 곧게 펴낼 수 있도록 돕기도 합니다.

○ 물이 과하면 생기는 증상

배수가 불량하거나, 불필요하게 자주 주는 물, 식물의 특성과 계절을 고려하지 않고 일정한 주기로 주는 물은 식물을 힘들게 합니다. 과도한 물은 뿌리의 호흡을 방해해 흙 속 산소를 부족하게 하는데요. 이로 인해 양분과 수분의 흡수에 필요한 에너지 공급이 원활하지 못하게 되면 결국 뿌리 생육이 억제됩니다. 과습의 피해를 입은 식물은 잎에 갈색 반점이 생기거나 황화 현상이 나타날 확률이 높으며, 아래쪽 잎보다는 위쪽 잎부터 이상 반응이 생기는 경우가 많습니다. 흙 마름에 영향을 주는 요소(41쪽), 과습에 대한 내용(56쪽) 모두 연결되는 부분이니 함께 기억해 두세요.

○ 물이 부족하면 생기는 증상

물이 부족할 경우 외부로 수분이 증발되는 것을 막기 위해 잎 뒷면의 기공이 닫힙니다. 이로써 광합성과 증산 작용이 원활하지 못하게 되면 기형과 바이러스가 발생하거나 뿌리 성장에 이상이 생길 확률이 높아집니다. 과수나 과채류의 경우 열매가 작아지고 낙과할 수도 있고요. 꽃이 피는 식물은 그렇지 않은 식물보다 양분과 수분 모두 더 많이 필요로 하기에 수분이 부족할 경우 꽃은 지고 잎은 말라 앙상해집니다. 때문에 이러한 식물은 더 자주 들여다보는 노력이 필요해요. 건조로 힘들어하는 식물은 주로 아래쪽 잎부터 말라 들어가 노랗게 되는 양상을 띱니다. 건조한 상황에서도 새잎을 펼쳐내기는 하나 잎이 전체적으로 말린 모습을 띠는 경우가 많습니다. 정상적인 경우 물이 필요한 시기가 되면 새잎을 포함한 윗부분, 잎 끝부분부터 팽압이 떨어지기 시작합니다. 전체적인 잎 각도가 달라지죠. 특히나 커피나무와 황칠나무와 같은 식물은 건조함의 신호가 확실한 편이에요(61쪽).

- 수경에 키웠음에도 물이 증발된 것을 잊어 시들어 버린 몬스테라 아단소니. 처음보다 뿌리의 양이 많아진 상태. 식물들은 물이 부족하면 뿌리의 양을 늘리고 길게 뻗어 어떻게든 살아내려고 노력한다.

• 수분 부족으로 인해 아래쪽 잎부터 말라가는 커피나무

○ 올바른 물 주기 방법

'물을 줄 때가 됐다'라는 판단은 식물의 종류와 크기, 키우는 곳의 환경 조건, 화분의 크기와 부피, 흙의 성분과 양, 계절 등 다양한 요소를 기준으로 삼고 상황에 맞게 결정해야 합니다. 기본적으로 아래 7가지 물 주기 방법을 숙지하며 경험을 통해 스스로 식물마다의 물 주기 노하우를 습득하길 바랍니다.

1. **물을 좋아하는 식물인지, 아닌지를 알아봅니다.**
원산지의 환경과 생김새(잎 두께와 크기, 줄기와 뿌리 두께, 꽃과 열매 여부 등)를 참고해 판단할 수 있습니다.

- 잎 두께가 얇고 잎맥이 가늘어 건조에 약한 고사리과 식물. 블루스타펀, 에버잼 고사리

- 몸체 자체에 수분을 보유하고 있어 건조에 강한 구름새 선인장

- 두껍고 질긴 잎, 선명한 잎맥을 가지고 있어 건조에 강한 떡갈고무나무

2. 흙 마름 상태를 확인합니다.

흙 마름 상태는 크게 4단계로 나누어 살펴볼 수 있습니다. 식물의 종류마다 어떤 상태에서 물을 줘야 하는지 대략적으로 알려드릴게요. 물 주기 전후의 화분 무게 차이로도 가늠해 볼 수 있으니 감각을 길러보세요. 1~2단계는 가급적 손가락을 활용해 감각을 키우는 것이 좋습니다. 3~4단계는 손가락으로 찔러보기엔 너무 깊으니 나무젓가락을 활용하는 것이 편합니다.

1단계 / 흙 표면이 전체적으로 고슬고슬하게 말라 있을 때 (허브, 개화 식물, 고사리류 등)

2단계 / 흙 표면이 말라 있고, 손가락 한두 마디 정도 찔러봤을 때도 흙이 말라 있을 때 (대부분의 관엽식물). 2단계가 가장 헷갈리는데 손끝에 묻어나는 정도를 확인하는 것이 중요하니 79쪽의 흙 사진 상태를 참고하세요.

3단계 / 화분에 나무젓가락을 꽂았다가 1분 후 빼 보았을 때 반절 이상 충분히 말라 있을 때 (고무나무, 소철, 덕구리난, 파키라, 드라세나 등)

4단계 / 화분에 나무젓가락을 꽂았다가 1분 후 빼 보았을 때 흙 전체가 말라 있을 때 (선인장, 다육식물), 화분 무게가 많이 가벼워졌을 때

＊ 선인장 중 립살리스 종류는 큰 나무 아래에서 서식하는 습성이 있으므로 비교적 직사광에 약하며, 물을 좋아하는 편에 속합니다. 모든 선인장들이 직사광을 필요로 하는 것은 아니니 참고하세요.

관수가 필요한 상태

흙 표면이 고슬고슬하게 말랐을 때 손가락 한마디 정도를 찔러봅니다. 고슬고슬한 흙이 손끝에 묻어나면 관수가 필요한 상태입니다.

관수가 불필요한 상태(관수 직후 상태)

흙 표면이 전체적으로 젖어 있을 때 손가락 한마디 정도를 찔러봅니다. 축축하고 덩어리진 흙이 손끝에 묻어나면 관수가 불필요한 상태입니다.

3. 수압을 조절해 천천히 골고루 관수합니다.

물을 줄 때 흙에 골고루 물이 스며들 수 있도록 신경 써 주세요. 강한 수압으로 물을 줄 경우 물길이 생겨 화분 속 흙에 수분이 골고루 공급되지 않고 상당량이 배수될 수 있습니다. 또한, 강한 수압에 의해 흙이 유실되어 뿌리가 공중에 드러나게 된다면 식물은 해를 입습니다. 또한 잎에 튄 흙은 세균 감염을 일으키기도 하니 수압을 적절히 조절해 주세요.

4. 한 번 줄 때 확실하게, 충분한 양을 공급합니다.

흙이 마르지 않았을 때는 관수하지 않으며 적절히 잘 말랐을 경우 화분 밑 배수 구멍으로 물이 충분히 흘러나올 때까지 서너 번 반복해서 물을 줍니다. 반복 시 수분이 흡수될 수 있도록 약간의 텀을 주는 것도 중요합니다. 이왕 물을 줄 때는 화분 받침을 빼고 개수대나 화장실로 식물을 옮겨 시원하게 갈증을 해소해 주는 것이 좋습니다. 화분 받침 위에 놓인 상태에서 애매한 양의 물을 자주 주는 것은 식물을 더 힘들게 할 수 있습니다. 흙의 표면에만 물이 닿고 뿌리 전체를 적시지 못하기 때문이죠. 화분 받침으로 물이 흘러나오면 충분히 주었다고 생각하기 쉽고, 받침의 물이 넘칠까 봐 관수를 멈추게 되기도 해요. 대부분 마사토나 펄라이트 등 흙 속에 첨가된 물 빠짐을 위한 재료 주변으로 흘러나오는 상황일 수 있으니 한 번 줄 때 확실하게 충분한 양을 공급하길 추천합니다.

• 개수대로 옮겨 물을 주는 모습

• 물빠짐을 위해 관수 후 싱크대 선반에 올려둔 화분

추가적으로 화분 받침에는 늘 물이 고여 있지 않도록 관리해 주세요. 과습의 원인이 될 수 있으며 고인 물이 썩으면 날벌레나 병해가 유발되기도 합니다. 화분 바닥에 물이 맞닿아 있으면 흙 표면으로 스며든 바람이 밖으로 나갈 길이 없어져 흙 속에 곰팡이가 생길 수도 있습니다. 너무 큰 화분에 담긴 식물의 경우 받침채 물을 줄 수밖에 없을 텐데, 받침에 고여 있는 물은 처리하기 어려우니 바퀴와 물받침이 함께 있는 제품을 사용하세요. 물을 주고 난 후엔 충분한 환기를 통해 최대한 빨리 증발될 수 있도록 도와줍니다.

5. 물의 온도는 미지근하게 맞춰주세요.

너무 차갑거나 뜨거운 물을 줄 경우 흙 속 뿌리가 손상되거나, 잎이 냉해나 화상을 입기도 합니다. 대부분의 열대성 식물의 경우 우리 피부가 느끼기에 차갑거나 뜨겁지 않은 미지근한 온도의 물을 주는 것이 적당합니다.

6. 기온을 고려해 가급적 오전 시간대에 관수합니다.

식물은 낮은 기온의 환경에서 수분 흡수에 어려움을 느끼기에 기온이 떨어진 밤 시간대보다는 선선한 오전 시간대에 물을 주는 것이 흡수율을 높이는 방법입니다. 또한 밤에는 식물이 휴식을 취하는 시간을 갖게 해 줄 필요도 있습니다. 겨울철에는 실내라 하더라도 기온이 낮고 낮의 길이도 짧기 때문에 대부분의 식물이 휴식기에 들어갑니다. 따라서 뿌리의 활성도가 떨어져 물을 흡수하는 시간이 더딥니다. 흙에 오랜 시간 수분이 남아 과습으로 이어지기도 해요. 사계절 같은 주기로 물을 주면 안 되는 대표적인 이유죠. 또한 실내 난방에 의해 습도가 낮아진 경우 잎을 통한 증산량이 많아집니다. 잎이 건조해지고 낙엽지는 피해가 생길 수 있어요. 따라서 잎에 분무를 자주 해 주고, 분산되어 있던 화분들을 한데 모아두어 습도를 조금이라도 높여야 합니다.

한 가지 더, 한여름 햇빛이 강한 시간대에도 관수를 피해주세요. 특히 실외에서 식물을 키우는 경우에는 더 주의해야 해요. 물을 준 후 잎에 남아 있는 물방울이 볼록렌즈 역할을 해 햇빛과 닿았을 때 잎 표면을 태우는 일소 현상을 일으킬 수 있기 때문이죠.

7. 식물이 살아가는 공간의 빛의 양을 고려합니다.

빛이 부족해 식물의 대사 활동이 저하된 상태에서 물을 많이 주게 되면 질식할 수 있습니다. 빛이 적은 환경에서는 수분량도 그에 맞춰 줄여줘야 하며, 생육이 활발하지 않은 겨울에는 물을 자주 주지 않아야 합니다. 반면 빛을 많이 받는 상황의 경우 기온이 높을 테니 증산 작용이 활발해질 것이고 이로 인해 광합성 작용이 잘 일어나 물을 필요로 하는 시기가 빨리 올 수밖에 없겠죠. 물을 주는 시기를 판단할 때 주변 환경의 광량도 어느 정도 고려해 주세요.

※ 화분 속 수분량 확인을 돕는 도구

요즘엔 화분 속 수분량을 확인하는 도구들이 시중에 판매되고 있습니다. 저는 아직까지 사용해 본 적이 없지만 물 주기에 어려움을 겪고 있는 분들이라면 도구의 힘을 빌려보는 것도 좋은 방법입니다. 하지만 너무 의존해서도 안 되겠죠. 식물 키우기란 늘 이론과 같을 수 없고 변수가 있기 마련이니까요. 도구를 활용하면 그만큼 물을 줄 타이밍을 쉽게 파악할 수 있겠지만 세심히 들여다보고 상태를 살피는 일도 자연스레 적어질 거예요. 내 식물이 물을 필요할 때 어떤 모습인지, 어떻게 변화하는지를 살펴 가며 함께 호흡해 나감이 가드닝의 시작이라는 것을 기억하면 좋겠습니다. 도구를 통해 어느 정도 적절한 타이밍을 익혔다면 물 주기가 번거로운 일이 되지 않도록 스스로의 손끝과 감을 믿길 바랍니다.

○ 흙 마름을 확인하는 것이 중요한 이유

물 주기 타이밍을 제대로 파악하기 위해서, 우선 뿌리가 하는 일을 이해해야 합니다. 식물의 뿌리는 식물체를 지지해 주고, 기본적으로 살아가는데 필요한 양분과 수분을 저장해 줄기와 잎으로 전달하는 일을 합니다. 그런 뿌리가 활발하게 제 역할을 하려면 어떤 환경이 필요할까요?

뿌리는 대기의 온·습도가 적절하고, 통풍이 원활해 흙이 충분히 마른 상황일 때 물이 어디에 있는지 찾아 뻗어내는 운동을 합니다. 하지만 흙이 늘 젖어 있는 환경이 지속된다면 뿌리가 열심히 운동을 할 이유가 없어지겠죠. 결국 뿌리의 대사 활동이 줄어들고, 축축한 흙 때문에 뿌리 끝이 무르고 썩어 들어가 줄기와 잎으로 양분과 수분을 공급해 주지 못하는 상황이 이어지게 돼요. 이러한 이유로 우리는 흙 표면과 속이 말랐는지를 파악해 물 주기 타이밍을 예측해야 합니다. 단, 식물은 각기 살아온 자생지가 다르기에 어떤 환경에 적응했느냐에 따라 뿌리를 움직이게 했던 조건이 다를 수 있습니다. 습도가 높은 환경에 익숙한 식물들은 흙 표면이 말랐을 때 바로 물을 줘야 좋아할 테고, 건조한 환경에 익숙한 식물들은 흙 속까지 충분히 말랐을 때 물을 줘야 좋아한다는 것도 알아두세요.

대개 뿌리에 문제가 생기면 식물은 '뿌리가 제 기능을 못한다. 나 좀 살려 달라'는 신호를 잎을 통해 표현하는데요. 우리는 그 신호를 되려 물을 더 달라는 신호로 오해하는 경우가 많습니다. 흙은 눈에 잘 띄지 않아 꼼꼼히 살피기 어려우니 한눈에 보이는 잎의 상태로 물 주기 타이밍을 알아차리려는 거죠. 하지만 이제 우리는 뿌리의 역할을 알았으니 잎의 변화만 살피지 말고 흙이 축축한지, 건조한지를 우선적으로 확인하도록 해요. 식물이 시들지 않는 선에서 다음 번 관수까지 흙을 건조하게 유지하면 흙 내의 공기 함량도 높아져 식물을 더 건강하게 키울 수 있답니다.

○ 다양한 물 주기 방법

위에서 물 주기(두상 관수)

흙 표면 위로 물을 주면 공기 중의 산소를 함께 공급할 수 있습니다. 흙이 골고루 젖을 수 있도록 중심에서 밖으로, 밖에서 안으로 여러 번 나눠서 물을 주는 것이 핵심이에요. 다만 수압 조절이 필요해요. 너무 강한 수압으로 물을 주게 될 경우 잎에 흙이 튀어 세균 감염을 유발할 수 있습니다. 또한 물을 줄 때마다 흙이 화분에서 넘쳐 유실된다면 뿌리가 공중에 드러날 확률이 높아집니다. 공기와 맞닿은 뿌리는 해를 입을 수 있으니 주의하세요.

• 두상 관수 중인 스카이로켓향나무

- 두상 관수 중인 좀눈향나무, 준쿠스(골풀)

아래에서 물 주기(저면 관수)

화분보다 큰 용기에 물을 담은 후 그 안에 화분을 넣어 물을 공급하는 방법을 저면 관수라 합니다. 배수 구멍을 통해(토분의 경우 화분 자체) 식물의 뿌리와 아래쪽 흙이 아주 천천히 물을 끌어올려요. 화분 속 흙의 유실을 막아주며 식물이 필요로 하는 양의 물을 충분히 공급할 수 있다는 게 장점이지만, 물을 주는데 시간이 많이 소요되고 자칫 너무 오랜 시간 화분을 물에 담가 놓게 되면 흙이 과하게 풀어질 수 있으니 주의해야 합니다. 장시간 부재로 건조된 흙이 딱딱하게 굳어버린 경우, 물 주는 시기를 놓쳐 시들기 직전에 물을 줄 경우 두상 관수보다 저면 관수 방식을 택하는 것이 균일하게 넉넉한 물을 공급할 수 있어 더 효과적입니다.

- 저면 관수 중인 왕다래나무

- 잎에 물이 튀지 않게 관리해 주어야 하는 다육식물 은월. 저면 관수가 적합하다.

- 수태가 천천히 물을 흡수하도록 저면 관수 중인 풍란

잎으로 주는 물(분무)

흙에만 물을 주면 된다고 생각하면 오산입니다. 식물이 살아가는데 필요로 하는 대기 습도도 맞춰줘야 해요. 분무기에 물을 담아 잎에도 수분을 공급하면 즉각적으로 공중 습도가 올라가고, 잎에 쌓인 먼지가 제거되어 잎의 호흡을 돕는 효과도 냅니다. 이때 물방울이 미세하게 분무되는 '미세 입자 분무기(에어스프레이)'를 사용하면 여린 식물의 잎에도 무리가 가지 않고 주변으로 물이 튀거나 바닥에 흐르는 일도 적습니다. 식물의 종류에 따라 매일 또는 3~4일에 한 번씩은 분무를 해주는 것이 생육에 도움이 됩니다. 단, 벨벳 질감처럼 잎에 솜털이 난 식물이나, 꽃을 피우는 식물의 잎에는 분무를 자제할 필요가 있습니다. 분무 역시 관수의 일종이니 통풍은 필수입니다.

- 동남천. 두상 관수 시 잎에 살짝 물을 줘도 좋다.
- 공중 습도가 높은 환경을 좋아하는 고사리과 식물

물을 흠뻑 머금은 채 바람을 쐬고 있는 식물들

4. 생각보다 많이 중요한 바람

식물을 키울 때 가장 중요한 것을 딱 한 가지만 꼽아보라고 하면 저는 망설임 없이 '바람'이라고 대답합니다. 신선한 바람이 흙 속을 지나고, 잎 사이사이에 스치는 것은 식물의 생육에 굉장히 중요한 일입니다. 우리가 답답한 공기와 이산화탄소가 가득한 환경에서 호흡하기 힘든 것과 마찬가지죠.

하지만 우리는 일상에서 창문을 닫고 지내는데 더 익숙할 거예요. 대기오염도 한몫하겠지만, 생활 환경의 이유로 더욱이 그럴 수밖에는 없는 것 같아요. 창문 너머 들어오는 바람보다는 즉각적인 시원함을 안겨주는 선풍기와 에어컨을 선호하게 됐고, 소음 없는 환경에서 집중해 일해야 할 상황이 많으며, 단독주택보다는 주로 공동생활을 하는 아파트에 거주하고, 야외에서 즐길 수 있는 운동 대부분이 실내에서 가능해진 시대에 살고 있으니까요.

우리가 이런 생활에 익숙해지는 동안 식물들은 바람이 잘 통하지 않는 곳에서 답답해하고 있진 않을까 생각해 봐야 합니다. 고여 있는 물이 썩는 것처럼, 갇혀 있는 공기도 변질됩니다. 공기청정기로 아무리 걸러내어 실내 공기를 순환한다고 해도, 창을 통해 들어오는 자연바람에는 비할 바가 없어요. 식물들은 주어진 환경을 탓하지 않습니다. 그저 살아남기 위해 적응하며 살아갈 노력을 할 뿐입니다. 통풍이 되지 않는 꽉 막힌 공간에서 살게 된다면 저들끼리 살 궁리를 모색하다 색을 변화시키기도, 반점을 드러내기도, 잎을 떨어뜨려도 보며 온갖 표현을 할 거예요. 이런데도 우리가 눈치를 못 채면 안되겠죠. 지금 당장 창문을 활짝 열어 신선한 공기가 실내로 스밀 수 있도록 해주세요. 그게 우리가 식물에게 해 줄 수 있는 가장 쉬우면서도 의미 있는 노력입니다.

○ **바람이 하는 일**

바람은 잎의 증산 작용을 촉진시켜 기공으로부터 이산화탄소 흡수량을 증가시키고, 뿌리로부터 양분과 수분의 흡수를 촉진시켜 광합성 작용을 활발하게 만듭니다. 다습한 환경의 습도를 낮춰 병해 발생을 감소시키고, 공기 오염 물질을 희석시켜 농도를 낮추기도 하며, 더운 날씨에 기온과 지온을 낮추는 역할도 합니다.

물과 빛이 많고 적음에 따라 식물의 구조와 형태가 달라지는 것처럼 바람도 식물의 모습에 변화를 가져다줍니다. 로즈마리, 마오리 소포라, 코로키아, 율마를 떠올려 보면 잎 면적이 좁고 매우 촘촘하게 붙어 있는데 이는 자생지의 강한 바람에 적응한 모습입니다. 이런 식물들은 실내 환기를 아무리 잘해준다고 하더라도 고향에서 느꼈던 양만큼은 채워주지 못하기 때문에 촘촘한 잎 사이에 병해가 생기기 쉽습니다. 때문에 실내에 적응하기가 쉽지 않아 저도 여러 번 떠나보낸 적이 있습니다. 현재 작업실에서 가장 환기가 잘되고 밝은 빛을 받을 수 있는 장소는 크리핑 로즈마리가 차지하고 있습니다. 로즈마리는 잎에 끈적한 진액을 품고 있는데 바람으로 잘 날려주어야 무르는 걸 피하고 병충해를 막을 수 있기 때문이죠. 이처럼 바람은 흙을 마르게 하는 역할도 하지만 잎 사이사이를 통하며 더 많은 일을 하는 중요한 존재입니다.

○ 통풍이 불량할 때 생기는 증상

식물은 잎에 있는 작은 기공으로 산소와 수분을 내보내는데 이 과정에서 노폐물이 함께 배출됩니다. 이 노폐물은 식물 스스로 처리할 수 없기 때문에 바람을 통해 날려 보내야 하는데요. 통풍이 불량한 환경에서는 노폐물이 계속해서 잎 뒷면에 쌓이게 되고, 이를 맛있는 먹이로 여기는 해충과 균이 모여들게 됩니다. 공기 순환이 되지 않는 데다가 습기까지 차면 해충과 균의 증식이 빨라져 상황은 더 악화되죠. 습한 환경을 좋아하는 버섯과 곰팡이도 생기고요. 이러한 문제를 예방하는 데는 어떠한 약보다도 통풍이 중요합니다. 통풍만 잘 시켜주면 식물에게 생기는 병충해의 상당수는 예방할 수 있답니다.

○ 올바른 환기 방법

1. 아침, 저녁 5~10분이라도 매일 환기합니다.

잠깐이라도 신선한 바람이 실내에 들어올 수 있도록 신경 써 주세요. 저는 아침에 일어나면 계절에 상관없이 창문부터 연답니다. 날씨가 춥지 않을 때에는 낮 시간 내내 창문을 조금이라도 열어 두고 생활하고 있어요. 단, 바람을 쐬어준다고 추운 겨울에 식물을 창틀에 올려놓는 행위는 절대 해서는 안 됩니다. 냉해를 입을 수 있고, 심할 경우 회생불가한 상황이 벌어집니다.

2. 서큘레이터나 선풍기를 활용해 틈틈이 바람을 쐬어주세요.

아침, 저녁 따로 환기하는 시간을 제외한 나머지 시간에는 틈틈이 서큘레이터나 선풍기를 가동해 주세요. 이때, 바람을 잘 쐬어주고자 식물 가까이에 틀어 두면 흙과 잎이 과하게 마를 수 있습니다. 실내 공기를 순환시키는 목적으로 공중이나 벽을 향해 트는 것이 좋습니다. 식물에게 물을 준 날이라면 더욱이 통풍이 잘될 수 있도록 환기와 간접 바람 둘 다 챙겨주세요.

3. 공간 전체에 바람이 통할 수 있도록 최대한 여러 개의 문을 개방합니다.

창문이 작아 바람이 잘 들어오지 않는 환경이라면 현관문을 동시에 열어 공기가 사방으로 순환될 수 있도록 합니다.

4. 한번씩 화분의 배수 구멍이 공기 중에 노출될 수 있도록 해 주세요.

장마철 혹은 과습의 위기에 처한 식물은 배수 구멍이 공기 중에 노출될 수 있도록 화분을 바닥과 띄워 줘야 합니다. 화분과 받침 사이에 병뚜껑 서너 개를 끼워두거나 화분과 받침 사이에 납작한 돌을 넣어 공간을 만들어 주는 것도 좋은 방법입니다. 저는 벽돌 2개 사이에 화분을 올리는 식으로 배수 구멍의 통풍을 돕습니다. 이 방법은 장마철 및 과습상태가 아니더라도 꾸준히 활용하면 좋습니다. 위 아래 바람 통함이 원활해져 뿌리 활동이 활발해지고, 흙마름에 도움을 주니 더없이 좋은 저만의 가드닝 팁이랍니다.

5. 자생지와 비슷한 온도, 습도 만들기

실내에서 키우는 식물의 고향은 대부분 우리나라가 아닌 열대나 아열대 지방인 경우가 많습니다. 각각의 식물은 자생지에서의 환경에 적응하며 자랐기 때문에 고유의 생태적 특징을 갖고 있어요. 따라서 우리는 어느 정도 비슷한 환경을 만들어 주는 노력을 해야 합니다. 특히 생태적으로 생육이 가능한 온도 범위가 있기에 일정 범위에서 벗어나지 않도록 신경을 써야 해요. 온도는 식물의 광합성, 호흡, 증산, 휴면 등 여러 대사 활동에 두루두루 관여하는 중요한 요소입니다. 기온이 과하게 높거나, 낮은 상태라면 특히 광합성량이 감소해 생육에 문제가 생깁니다. 이번 장에서는 식물을 키울 때 고려해야 할 온도, 습도에 관한 이야기를 해보겠습니다. 우리나라 기후에 맞춰 사계절을 살아간다는 것만으로 굉장한 이슈이자 힘든 일이라는 걸 이해해야 합니다.

○ 식물에게 적당한 온도란?

식물을 키우기에 최적의 생육 온도는 원산지에 따라 구분하는 것이 합리적입니다. 열대 지방이 원산지인 식물은 25~30℃, 온대 지방이 원산지인 식물은 15~20℃, 아한대와 고산 지방이 원산지인 식물은 10℃ 정도로 기억해 두면 됩니다. 대부분의 관엽식물은 열대 아메리카, 아프리카, 아시아, 아열대 아시아, 호주와 남태평양을 중심으로 열대 혹은 아열대 지방이 원산지이며, 유럽,

북아메리카가 자생지인 것들도 몇몇 포함되어 있습니다. 열대나 아열대 지방 안에서도 해발, 해류, 강우량에 따라 다양한 기후 특성을 갖고 있지만 대부분 기온이 높지는 않으며 다양하고 광범위한 식물 유형이 자생합니다.

기온이 높아지면 식물의 호흡량이 많아지는데, 이는 광합성으로 생산한 탄수화물(저장되어 있는 양분)의 소모가 많아짐을 의미합니다. 대기가 고온 상태인 채로 오랜 시간 유지되면 식물이 약해질 수밖에 없는 것은 너무나 당연하겠죠. 참고로 고온 건조, 고온 다습할 때 병충해를 입기가 쉽습니다. 대기 온도가 올라감에 따라 공기는 팽창해 상대적으로 대기 중 습도는 떨어지고 결과적으로 증산 작용이 가속됩니다. 뿌리에서 흡수하는 양 이상의 수분이 증산되면 잎의 기공이 닫히면서 동시에 공기의 흡입도 차단되어 광합성 작용에 문제가 생기게 돼요. 특히 30℃가 넘어가는 고온은 과도한 증산을 일으켜 식물을 마르게 합니다. 잎이나 꽃의 색이 흐려지기도 하고요. 또한 실내 온도가 높은 상태에서 빛까지 부족할 경우 비정상적으로 생장이 촉진되어 전체적인 모양새가 가늘고 길어집니다.

반대로 서늘한 기온에서는 뿌리 양분의 소모량이 적어지는데요. 장기간 저온이 지속되면 광합성에 의한 양분의 생산량과 축적량 자체가 적어집니다. 이로 인해 호흡 활동이 약화되고 결과적으로 전반적인 대사 활동이 미약해집니다.

○ 생육에 관여하는 온도의 종류

기온 / 공기의 온도를 가리키며 일반적으로 가드닝에서는 각각의 식물별 생육 가능한 온도를 의미합니다. 기온은 지역, 계절, 시간대에 따라 변합니다.

지온 / 뿌리가 있는 흙의 온도를 가리키며 기온에 비해 변화의 폭이 작습니다.

수온 / 관수하는 물의 온도를 의미합니다. 혹서기와 혹한기에는 특히 수온을 주의하며 12℃ 이상의 물을 관수해 주세요. 겨울철 차가운 물을 잎에 뿌리면 백색 반점과 같은 상해가 발생하기도 합니다.

○ 저온 피해(냉해)

열대, 아열대 지방이 원산지인 식물은 대부분 10℃ 이하의 저온에서 생육에 장애가 생깁니다. 특히 기온이 5℃ 이하로 떨어지면 잎의 조직이 검게 괴사하여 갈색 반점이 나타나고 잎 말림, 잎 늘어짐, 잎 변색, 낙엽, 생장 저하 등 여러 피해가 이어집니다. 난방을 하더라도 출입문 혹은 바람이 드는 창가 가까이에 놓인 식물은 틈새로 들어오는 차가운 공기와 외풍에 피해를 입을 수 있습니다. 여름철 에어컨 바람을 직접적으로 받는 식물도 저온 피해를 입곤 합니다. 어떤 공간이든 식물과 함께 생활한다면 10℃ 아래로 내려가지 않도록 신경 쓰는 것이 좋습니다. 단, 수선화, 히아신스, 튤립, 무스카리 등의 구근식물들은 겨울철 저온을 필수로 겪어야 이듬해 봄에 건강하고 예쁜 꽃을 피워낼 수 있다는 특징이 있습니다.

● 겨울철 야외에서 동사한
  인도고무나무

○ 기온에 따른 식물의 휴면

식물은 생육에 부적합한 온도와 일장 조건에서 일시적으로 생장이 둔화되거나 정지하게 되는데 이를 '휴면'이라고 합니다. 휴면은 자연 상태에서 식물이 생존하기 위한 생리적 수단이며, 식물 종류에 따라 휴면의 형태는 다양한 편이에요. 또한 열대 지방에서 온 식물은 연중 기온이 높은 곳에서 자랐기 때문에 실내에서 기른다면 일년 내내 휴면을 하지 않거나 하더라도 휴면의 깊이가 얕습니다.

- 겨울철 새순이 돋은 셀렘
- 고르지 못하고 찢어진 새잎을 펼쳐낸 셀렘

생명력이 강한 셀렘이 겨울철 새순을 올린 적이 있어요. 하지만 새 잎을 활짝 펼쳐내기엔 너무 추웠는지 꽤 오랜 시간을 돌돌 말린 상태 그대로 머물러 있더라고요. 처음엔 물이 부족한가 생각했지만 흙 속은 충분히 젖어 있었어요. 힘을 조금만 더 내면 될 것 같은데 영 기운을 못 내는 모습을 보고 어찌나 안쓰럽던지 잎을 손으로 펼쳐주고 싶은 마음도 들었습니다. 제가 할 수 있는 일은 혼자 힘으로 해낼 수 있도록 기다리는 일뿐이었습니다. 3월 즈음, 날씨가 조금씩 따뜻해지면서 겨우 잎을 펼쳐냈어요. 정상적인 속도로 돋아낸 잎이 아니라서 다른 잎에 비해 크기가 작았지만 참 기특했습니다. 혹독한 겨울을 스스로 잘 이겨내고 봄을 맞이하는 설렘을 보니 저 역시 뭐든 할 수 있을 것만 같은 용기가 생기더군요.

식물을 키우다 보면 겨울에는 추위, 건조와의 전쟁을 치러야 하고, 선선한 봄이 찾아오는 듯하다 금세 여름이 찾아오면 벌레, 더위, 습기와의 전쟁을 또 한 번 치러야 합니다. 식물이 좋아하는 봄과 가을은 아주 잠깐 스치듯 흘러가는 듯한 기분이 들어요. 이렇듯 식물과 함께 살아간다는 건 번거롭기도 하지만 계절의 변화에 조금 더 시선을, 촉각을 가까이하고 살게 되어 예상치 못한 활력을 느끼기도 합니다. 오고 가는 계절 속에서 식물과 함께 나의 마음도 돌보게 된달까요.

○ 식물에게 적당한 습도란?

식물을 들인지 얼마 되지 않았는데 시들시들 마르거나 상태가 나빠지는 경험을 한 적 있을 거예요. 식물은 환경이 변했다는 사실을 온도와 습도를 기준으로 감지하기 때문인데요. 화훼 시장의 경우 대체로 기온이 높게 유지되고(겨울철에 가도 따뜻하고, 여름엔 정말 덥습니다), 많은 양의 식물이 증산 작용을 하며 수분을 뿜어내기 때문에 우리가 일상 생활을 하는 공간보다 습도 역시 높습니다. 이런 곳에 머물던 식물을 데려왔으니 당연히 기운이 없을 수밖에요. 때문에 우리는 다시 식물이 힘을 내 생육할 수 있도록 각각의 특성들을 고려해 공간의 습도를 적당히 높여줘야 합니다. 가습기를 트는 것도 좋은 방법이며, 가능한 식물들을 한데 모아 배치하는 것도 하나의 방법이 됩니다. 한 공간 안에서 수경식물을 함께 키우거나 건조함이 심할 경우 물을 곳곳에 받아 두는 것도 도움이 돼요.

만약 여러 식물을 기르고 있다면, 식물마다 생육에 적합한 습도가 모두 다르기에 제각각 좋아하는 환경을 맞춰주는 데는 어려움이 있을 거예요. 습기를 좋아하는 식물에게 맞추자니 잎이 무르거나 썩는 식물들이 생겨날 테고, 건조에 강한 식물에게 맞추자니 잎이 마르거나 타들어 갈 테니까요. 고사리류와 같은 일부 식물들은 60%가 넘는 습도를 좋아하는데, 이들에게 습도를 맞추다 보면 사람이 쾌적하게 지내기에도 어려워질 것입니다. 그러니 평균 40~60%대로 관리하면 대부분의 식물을 관리하는데 적당합니다. 습도가 높은 환경을 유독 좋아하는 식물에게는 분무를 자주 해 주고요. 너무 높은 습도에서도 식물은 살 수 없습니다. 습도가 90% 이상인 환경이 되면 잎 뒷면의 기공을 닫아 이산화탄소를 흡수하지 않게 되고, 더 이상 물도 흡수할 수 없게 됩니다. 광합성 작용을 중단하는 거죠. 게다가 곰팡이의 피해를 입는 일도 허다해지니 적정 습도를 신경 써서 유지시켜주세요. 동시에 온도도 신경 써야 하는데요. 공통적으로 온도는 10℃ 아래로 내려가지 않도록, 아열대산 식물의 경우 20℃ 이상의 환경을 필요로 하기 때문에 실내에서도 따뜻한 곳에 배치해 주면 좋습니다.

• 가정용 온·습도계

참고로 습도가 낮은 건조한 환경에 강한 식물로는 선인장, 다육식물이 대표적이며 드라세나, 고무나무류와 같은 두꺼운 잎을 가진 식물도 비교적 건조에 강한 편입니다.

- 가습 효과를 내는 수경식물. 시페루스, 스노우 사파이어, 워터코인

○ 겨울철 히터 바람에 의한 건조 피해

공유오피스 연출 현장에 아랄리아를 배치했던 적이 있었는데 얼마 지나지 않아 바싹 마른 모습을 보고 깜짝 놀랐습니다. 가정이 아닌 상업적인 공간이었기 때문에 겨울철 낮 시간 동안에는 내내 히터가 가동되어 건조함이 극에 달했고, 직원들이 퇴근을 하고 나면 난방이 가동되지 않아 추위와 싸워야 하는 상황이었던 거죠. 생기 있고 무성했던 잎들이 살짝 건드리기만 해도 우수수 떨어져 내리는데 그때의 심정이란 정말 처참했습니다. 한 달 정도 지났을까요. 지극 정성으로 보살핀 제 마음을 알아주기라도 하듯 꼬물꼬물 작은 새순을 올려주었고, 하나 둘 잎이 늘어나며 풍성해지기 시작하더니 두 달여 만에 다시 본 모습을 갖춰갔답니다. 처음과 같은 모습은 아니었지만 듬성듬성 난 잎들도, 새순들도 이전보다 더 귀엽고 소중하더라고요. 겨울철 오랜 시간 히터가 가동되고 통풍이 잘 안 되는 상업 공간에서 식물을 키울 때는 기온이 따뜻한 낮 시간대에 잎과 흙에 물을 충분히 주고 바람을 쐬어줘 건조에 힘들어하지 않도록 관리해 주세요.

- 건조에 의해 잎을 우수수 떨군 아랄리아

- 두 달 뒤 새순이 돋아나 형태를 갖춰가는 모습

plan 3.

조금 더 노력하기

　식물을 키우다 보면 아름답고 멋진 순간만 마주할 순 없습니다. 현재 키우고 있는 식물들을 한번 살펴볼까요? 수형이 변해버려 더 이상 시선이 가지 않는 식물, 상태가 안 좋아졌는데 어떤 이유인지 몰라서 방치하고 있는 식물이 있진 않나요? 분갈이를 해 주고 싶은데 엄두가 안 나서 시간만 지체하는 경우도 있을 테고요.

　식물은 살아있는 생명체이기에 함께 살아감에 있어 늘 변수가 많습니다. 같은 식물이라고 해도 어떤 화분에 심었느냐, 흙 배합을 어떻게 했느냐, 어떤 환경에서 어떻게 관리하느냐에 따라 성장 상태가 달라져요. 또한 식물에게도 체질이라는 게 있어서 요구하는 환경이 제각각이라 함께하는 모든 식물을 잘 키우기가 쉽지 않죠. 우리는 식물을 위해 물을 주고 빛을 쬐어주는 일 말고도 때맞춰 챙겨야 하는 일들이 있습니다. 그동안은 기본적인 것들을 채워 주기에도 벅찼을 수 있지만 아마 진심으로 애정을 쏟다 보면 자연스레 내가 해 줄 수 있는 일이 더 없는지 찾게 되는 시기가 올 거예요. 조금이라도 더 잘해 주고 싶으니까요!

우리는 아파 봐야 비로소 건강이 소중하다는 것을 느끼죠. 영양제 구입부터 헬스 등록, 몸에 좋다는 음식도 뒤늦게 챙기곤 합니다. 건강했을 때 미리 관리했다면 좋았겠단 후회를 하면서요. 식물을 키우는 것도 비슷한 이치입니다. 미리 건강을 살피고 관리해 주어야 탈 없이 성장할 수 있고, 병충해를 예방할 수 있으며, 아프더라도 적절한 시기에 치료를 해 줄 수 있어요. 화분 속 공간이 너무 좁아지기 전에, 흙의 양분이 다 빠지기 전에, 병충해가 더 퍼지기 전에, 수형이 변하거나 모양이 흐트러지기 전에, 타이밍에 맞게 해 주어야 할 일이 분명 있습니다. plan 3에서는 이러한 것들에 대해 알아볼 거예요.

사람 사이에 유연하게 관계를 이어간다는 건 어떤 걸 의미할까요? 편한 관계일수록 '말하지 않아도 알겠지', '그래도 괜찮겠지'란 생각을 할 수 있는데, 이러한 생각이 거듭되면 관계는 점점 소원해지곤 합니다. 아무리 편하더라도 적절한 시기에 감사와 사랑을 전해야 좋은 관계를 이어갈 수 있는 것 같아요. 시시때때로 서로를 살피는 일도 잊어서는 안 되죠. 이제부터 설명할 내용은 식물에게 전하는 우리의 표현이라고 이해해 보면 좋겠습니다. 기본적인 환경이 갖춰진 이후에 더 필요로 하는 건 뭐가 있는지 그들을 이해하고 살펴보기로 해요.

1. 분갈이

식물이 성장함에 따라 줄기와 잎은 커지거나 개수가 많아지며 뿌리는 비대해집니다. 때문에 뿌리가 필요로 하는 양분과 수분도 많아지게 되죠. 적당한 시기에 뿌리가 뻗어 나갈 수 있도록 좀 더 큰 화분으로 옮기며 양분이 가득한 새 흙으로 교체해 주는 것을 분갈이라고 합니다. 초보 가드너라면 분갈이를 해 주어야 한다는 것을 잘 알고 있지만 왜, 어떻게 해야 하는지는 모를 수 있어요. 괜히 분갈이하는 과정 중에 뿌리를 잘못 건드려 상태가 안 좋아질까 봐 망설이는 분들이 생각보다 많았습니다. 분갈이를 하는 이유는 다양해요. 지금부터 안내해드릴 방법과 함께 잘 따라 해 보세요.

화분 속에서 식물을 꺼내 오래된 흙을 부수다 보면 건강한 뿌리도, 그렇지 못한 뿌리도 만나게 됩니다. 사방으로 잘 뻗은 뿌리를 보면 식물을 위해 기울였던 나의 노력을 인정받아 뿌듯함을 느끼게 될 테고, 어쩐지 기운이 없어 보이던 식물은 뿌리도 비실하며 풍성히 뻗지 못한 경우가 많아 미안한 마음이 들기도 할 거예요. 다시 잘 자라주길 바라는 마음으로 우선 묵은 뿌리를 정돈합니다. 그다음 신선한 흙으로 주변을 덮어주고 새로운 보금자리에 잘 적응하라고 시원한 물까지 내려주면 새 단장은 이 친구가 했는데 내가 다 개운하고 속이 시원한 느낌이 들 거예요. 1년 내지 2년에 한 번 정도 식물은 이런 식으로 이사를 해 주어야 합니다. 뿌리를 담아낼 화분 크기가 커져가는 만큼 식물과의 추억도 쌓이겠지요.

○ 분갈이를 하는 이유

뿌리가 제 역할을 할 수 있도록

뿌리는 흙 속에서 물이 있는 곳을 찾아 뻗어내는 운동을 합니다. 사방으로 쭉쭉 뻗어내며 흙 속 양분과 수분을 흡수 및 저장하고 줄기를 통해 전달하기도 해요. 뿌리가 맡은 가장 중요한 일입니다. 만약 화분 속 흙이 많이 젖어 있다면 뿌리는 운동을 할 필요가 없겠죠. 과습을 주의해야 하는 이유도 이 때문입니다. 뿌리가 왕성하게 운동을 해 건강한 상태를 유지해야 제 기능을 유지할 수 있어요. 운동 부족으로 기능을 잃어가는 뿌리는 흙에 양분과 수분이 풍족하더라도 이들을 흡수할 수 없게 됩니다.

건강한 식물의 뿌리는 얽히고설켜 있어요. 이는 사방으로 운동을 활발하게 했다는 증거이기도 하죠. 뿌리의 기억은 굉장히 단순하다고 할 수 있는데요. 활발하게 움직여 본 기억이 있는 뿌리는 계속해서 넓게 움직이지만, 아래쪽에 돌돌 말려 있는 뿌리는 제대로 뻗어낸 기억이 없기에 주변만 맴돌아 왕성한 활동을 하지 못합니다. 너무 좁은 공간(화분)에서 오랜 시간 돌돌 말려 가며 자란 뿌리는 넓은 공간으로 옮겨 주더라도 뭉쳐서 자랄 수밖에 없는 거죠. 분갈이할 때 말려 있는 뿌리를 잘 풀어내야 하는 이유입니다. 뿌리가 손상될까 조심스러울 수 있겠지만 아주 얇고 적은 양의 뿌리가 아니라면 과감하게 정돈을 해 주는 게 더 좋아요.

유효기한이 지난 흙을 갈아주기 위해

초보 시절에는 '흙이 그냥 흙이지 뭐' 그 이상 생각해 본 적은 대부분 없을 것 같아요. 하지만 우리는 흙을 좀 더 진지하게 바라봐야 합니다. 화분 속에서 오랜 시간이 지나면 흙의 양분과 수분은 빠져나가갑니다. 영양가 없는, 수분기 없는 흙이 돼버리죠. 오래된 흙은 산성화 되기도 하고, 딱딱하게 굳거나 진흙처럼 끈적해지면서 고유의 질감이 바뀌기도 합니다. 배수가 잘 안 되는 원인이 되어 곰팡이를 유발하기도 해요(흙에 생긴 변화에 대한 내용은 56쪽 참고). 식물이 건강하게 쑥쑥 자라주길 바란다면 당연히 성장에 기반이 될 수 있는 유효기간 내의 건강한 흙으로 교체해 줘야 하겠죠?

성장에 필요한 공간 확보를 위해

분갈이를 해야 하는 단순한 이유 중 하나는 성장에 따라 뿌리가 뻗어 나갈 물리적 자리가 점점 부족해지기 때문입니다. 뿌리의 양은 점점 많아지고, 길이는 길어져 가는데 화분 속에 더 이상 뻗어 나갈 자리가 없다면 흙 표면 위로, 배수 구멍 아래로 비집고 뿌리가 나오겠죠. 또한 사방으로 뻗어 나가다가 화분 벽에 닿으면 벽면을 따라 위아래로 휘감게 됩니다. 분갈이 하려고 화분에서 꺼냈을 때 뿌리끼리 뒤엉켜 있고 특히 아래쪽이 돌돌 휘감겨 있는 걸 본 적 있을 거예요. 결국 분갈이는 좀 더 큰 집에서, 양분이 많은 곳에서 잘 먹고 잘 살라고 해주는 일인 것입니다.

○ 분갈이가 필요한 경우

· 얇은 플라스틱 화분에 담긴 식물을 구입했을 때
· 분갈이한 지 1~2년이 지났을 때(물을 주었는데도 여전히 잎에 힘이 없고 시들어갈 때, 새잎이 잘 자라지 않고 오래된 잎이 누렇게 변할 때)
· 물을 줬는데 배수 구멍으로 너무 빨리 빠져나오거나, 너무 안 빠져 흙 표면

에 고여 있을 때
- 식물의 지상부(잎, 줄기, 뿌리 위쪽)가 화분 크기에 비해 지나치게 커졌을 때
- 식물의 잎이 전체적으로 노랗게 변했을 때(아래쪽의 오래된 잎이 변하는 것과 과습의 신호를 분갈이 신호로 착각하면 안됩니다)
- 흙 표면에 이끼나 잡초가 생겨 뿌리의 호흡을 방해할 때
- 식물의 뿌리가 화분의 배수 구멍으로 빠져나온 경우(배수망에 따라 분갈이 시기가 되지 않았는데도 빠져나오는 경우가 있습니다. 또한 넝쿨식물의 경우 화분 밖으로 기근을 뻗는 게 자연스러운 현상이기에 이로써 분갈이 시기를 판단하는 게 힘들 수 있습니다. 해당 화분에서 최소 1년을 길렀는지 기간을 살펴보고 결정해 주세요.)

- 갈색빛 기근을 볼 수 있는 몬스테라류

* 기근이란 ?
공기 기(氣), 뿌리 근(根). 식물의 땅위줄기 및 땅속에 있는 뿌리에서 나와 공기 중에 노출되어 있는 뿌리를 말합니다. '공중뿌리'라고도 해요. 기능에 따라 지지뿌리, 부착뿌리, 흡수뿌리, 호흡뿌리 따위로 나뉘며 식물은 주로 대기 중의 양분과 수분 섭취를 하거나 지지의 목적으로 공중뿌리를 냅니다. 우리 주변에서 흔히 볼 수 있는 몬스테라류에서 기근을 찾아볼 수 있습니다. 수경재배나 번식을 할 때 기근이 길게 나온 마디를 잘라 심으면 기근이 없는 마디보다 훨씬 뿌리를 잘 내려 새로운 환경에 금방 적응합니다.

아래 사진은 분갈이 시기가 지나 뿌리가 화분 밖으로 탈출한 상황입니다. 빠져나온 뿌리를 잘라내고 꺼내어 뿌리를 살펴보니 좁은 화분 안에서 많이 힘겨웠겠단 생각이 들었어요. 수분을 저장하는 기관인 알뿌리가 선명하게 보일 정도로 뿌리가 튼실한 편이라 넉넉한 화분으로 옮겨주니 안정적으로 잘 성장했습니다. 분갈이 과정에서 배수 구멍 아래로 삐져나온 뿌리를 잘라내지 않고 식물을 빼내면 다른 뿌리들이 힘을 받아 부러지거나 끊어질 수 있기에 삐져나온 뿌리는 깔끔하게 정리한 후 빼내는 것이 좋습니다.

● 분갈이 시기가 한참 지난 아스파라거스 팔카투스   ● 분갈이한 아스파라거스 팔카투스

* 아스파라거스 팔카투스
고사리과 식물이지만 건조에 강합니다. 뿌리 조직이 알뿌리 형태로 되어 있어 수분 저장 능력이 다른 고사리들보다 훨씬 뛰어나기 때문이죠. 일반 고사리처럼 물을 자주 주며 키웠다가는 과습으로 떠나보내기 십상이에요. 팔카투스 외에도 알뿌리를 가진 식물의 대부분은 기본적으로 수분을 많이 머금고 있기 때문에 과습을 주의해야 합니다. 여리여리해 보이지만 줄기에 가시를 품고 있는 외유내강의 매력을 지닌 식물입니다.

- 분갈이 시기를 놓친 몬스테라 아단소니

- 수분 부족, 빛 부족, 영양 부족으로 마르고 앙상해져 가는 올리브나무. 마른 잎을 제거하고 분갈이 해 줘야 하는 상태

- 하엽한 잎이 토양을 덮은 상태. 뿌리 호흡을 막아 과습을 초래할 수 있다.
- 흙 표면에 잡초가 생기고 화분 밖으로 뿌리가 탈출한 상태. 분갈이가 필요하다는 신호

○ 분갈이를 피해야 하는 계절

분갈이는 계절을 고려해 하는 것이 좋습니다. 따뜻하고 선선한 봄에 하는 것을 가장 추천하며, 가을도 괜찮습니다. 단, 한여름과 한겨울은 피해 주세요. 분갈이 후 뿌리가 제대로 자리 잡지 못할 확률이 높습니다. 그간 적절히 성장했을 때 분갈이를 해 줬는데도 식물이 비실비실했다면 어떤 계절에 했는지를 다시 한번 떠올려보세요.

한여름(7-8월) / 더운 날씨 탓에 증산 작용이 너무 과하게 일어날 수 있습니다.

한겨울(12-2월) / 저온 피해를 입을 수 있습니다. 또한 봄~가을까지 성장하다가 겨울에 휴면기를 갖는 식물들이 많기에 이때는 뿌리 활동을 쉬게 해주는 게 좋습니다. 살아가는데 필요한 최소한의 수분 섭취, 양분 섭취를 하는 시기입니다. 겨울철 흙 마름 속도가 느려지는 이유도 여기에 있죠. 참고로 모든 식물이 겨울에 휴면기를 갖는 건 아니며 월동을 하는 식물이라면 겨울에도 성장하고, 꽃을 피우기도 합니다.

○ 분갈이 시 주의 사항

· 최초의 분갈이가 아니라 키운 지 1년 후, 2년 후의 분갈이라면 가급적 화분의 재질을 기존의 것과 같게 해주길 권합니다. 토분이었으면 토분으로, 플라스틱이었으면 플라스틱으로 분갈이하는 것이 몸살을 앓지 않게 하는 방법입니다.

- 다른 식물이 심겨 있던 화분을 재활용할 때는 깨끗이 씻어서 사용합니다.
- 분갈이를 하면서 동시에 영양제도 주고, 흙 표면의 잡초나 지저분한 이물질도 함께 제거하면 좋습니다.
- 분갈이 과정에서 뜯겨 나가거나 상처 난 뿌리들이 재생할 수 있도록 며칠 동안은 반음지의 다습한 곳에 두면 좋습니다.
- 화분을 고를 때는 형태와 크기, 재질 등이 식물 생육에 적합해야 합니다. 만약 식물은 작은데 화분이 클 경우 흙, 물, 양분 모두 과다한 상태가 되어 과습으로 이어지기 쉽습니다. 반대로 식물은 큰데 화분이 작다면 뿌리가 뻗어 나갈 자리가 부족해지고 식물이 필요로 하는 양보다 양분, 수분 모두 부족한 상태가 되겠죠. 보통 기본 플라스틱 화분의 1.5배 정도를 추천하지만 성장이 빠르고 뿌리가 비대한 식물은 2배 이상 넉넉한 크기로 분갈이해야 합니다.
- 배수 구멍이 있는 화분을 사용해야 합니다. 다육식물은 배수 구멍이 없는 화분이나 유리병에 심기도 하지만 이럴 경우 흙 마름을 주기적으로 체크하며 과도한 양의 물을 들이 붓는 행위는 자제해야 합니다. 저의 경우 부득이한 경우에만 이런 화분을 사용하고 있고, 스포이드를 활용해 소량의 물을 주곤 해요.

○ 관엽식물 분갈이 하기

준비물

1. 분갈이 할 식물(예시 식물은 진달래)
2. 기존 화분보다 높이와 지름에 있어 여유가 있는 화분(식물마다의 뿌리 크기와 성장 속도를 고려해 대략 1.5배 큰 화분이면 적당합니다. 충분한 양의 흙을 담을 수 있어야 하고, 하단에 배수층을 만들어야 하니 너무 낮지 않은 화분으로 선택해 주세요)
3. 원예용 상토(분갈이용 흙)
4. 마사토
5. 삽

6. 깔망(코이어 테이프, 코이어 테이프는 코코넛 껍질을 말려 만든 자연적인 소재로 배수 구멍으로의 불필요한 뿌리 탈출을 막아줍니다. 이는 플라스틱 그물망으로 대체 가능합니다)
7. 꽃가위
8. 핀셋(섬세한 정돈이 필요할 때 사용합니다)
9. 물조리개

분갈이 하는 방법

1. 화분 바닥의 배수 구멍 위에 깔망을 올립니다.
2. 화분 비율에 따라 1/5 정도가 채워지도록 마사토를 넣습니다.

   * 아래쪽에 마사토를 넣는 이유는 물이 정체되지 않고 아래로 잘 빠지게끔 하기 위함입니다. 화분 크기에 따라 마사토의 비율을 맞춰주세요.

3. 마사토 위에 원예용 상토 한 줌을 넣은 후 손으로 살살 경계를 풀어줍니다.

   * 생략해도 괜찮은 단계입니다.

4. 플라스틱 화분 주변을 부드럽게 조물조물 마사지해 가장자리에 틈을 만들어 줍니다. 핀셋 뒷부분이나 나무젓가락 등의 도구로 뿌리의 손상을 조심하며 틈을 만들어줘도 좋습니다. 식물을 꺼낼 때는 포트 아래쪽을 구기듯 잡고 약간 기울여 빼냅니다. 식물의 줄기가 튼튼할 경우 부러지지 않도록 조심스레 움켜잡은 후 화분 윗부분을 가볍게 툭 쳐주세요. 식물을 꺼낸 뒤 뿌리를 감싸고 있는 흙은 위와 아래만 가볍게 정리하고, 옆쪽은 최대한 건드리지 않습니다.

* 뿌리는 화분 속에서 사방으로 뻗다가 화분 벽을 만나면 점차 아래쪽으로 감겨 내려오기 때문에 옆쪽 뿌리들은 뿌리의 끝이 아닌 중앙부에 해당하는 경우가 많습니다. 때문에 마구 잡아 뜯는 행위는 피해 주세요. 참고로 식물을 화분에서 꺼냈는데 아래쪽 뿌리 말림이 심하다면 작은 공간에 오래 있어서 그렇다는 신호임을 알아두세요.

뿌리 윗부분 정리 / 먼지나 잡초, 하엽진 잎 등 분갈이 시 화분 속으로 들어가지 말아야 할 것들을 가볍게 털어 정리합니다.

뿌리 아랫부분 정리 / 엉킨 뿌리를 풀어주고, 뿌리가 아래쪽에 돌돌 말려 있다면 충분히 풀어줍니다. 길게 늘어진 뿌리는 가위로 끝부분을 정돈합니다. 뿌리 끝이 무르거나 말랐다면 함께 정돈해 주세요.

뿌리가 크고 두꺼운 경우 / 위아래 모두 과감하게 정리하며 아래쪽 뿌리를 풀어낼 때 두둑두둑 끊어지는 소리가 나더라도 뭉쳐있는 뿌리는 정돈해 주어야 합니다.

뿌리가 작고 가느다란 경우 / 위아래 모두 가볍게 정리한 후 힘 조절을 하며 엉킨 부분을 살살 풀어냅니다.

5. 정돈된 식물을 새로운 화분에 넣습니다. 이 때 멀리서 봐가며 각도, 높이, 위치를 적절히 조절합니다. 약간의 각도 차이나 배치한 위치(왼쪽, 오른쪽, 중앙)에 따라 전체적인 디자인이 달라질 수 있습니다.

* 식물을 과도하게 깊이 식재하면 줄기 부분이 무르거나 화분 속 흙 양이 많아져 과습의 위험이 높아집니다. 너무 높거나 낮지 않게 적절한 위치를 잡아 주세요. 반대로 너무 높게 심었을 경우 성장하면서 점점 식물이 밖으로 들려 나올 수 있습니다. 몬스테라처럼 줄기와 잎의 크기가 함께 커지는 식물은 더욱이 안정적인 높이로 심을 수 있도록 조절해야 합니다.

6. 화분과 식물 사이의 틈에 흙을 조금씩 골고루 넣어줍니다. 구석구석 흙이 잘 들어갈 수 있도록 화분을 가볍게 들어 테이블을 두드리듯 위아래로 탁탁 쳐 주세요. 화분 옆을 손바닥으로 쳐 주는 것도 좋은 방법입니다. 대형 식물의 경우 기다란 작대기 같은 도구로 가장자리를 따라 흙을 찔러 넣어 줘야 중간 부분에 흙이 잘 채워집니다.

* 이 작업을 하지 않으면 식재를 완료하고 물을 줄 때 흙이 훅 하고 꺼지는 현상이 생길 수 있습니다.

7. 흙은 가득 채우지 않습니다. 화분 입구에서 3~5cm 정도의 깊이만큼은 물그릇 용으로 남겨둡니다.

* 흙을 과하게 채우면 물을 주자마자 흙이 부풀어 올라 화분 밖으로 넘쳐흐르는 사태가 발생합니다. 때문에 물을 충분히 줄 수 없게 되죠. 흙 표면에 마감재를 올려 마무리하면 흙 넘침을 어느 정도 방지할 수 있지만 디자인의 목적이 아니라면 마감재는 사용하지 않는 것이 생육에 도움을 줍니다.

8. 식재 완료 후 불필요한 가지들은 가위로 말끔히 정리합니다.

● 정돈 전　　● 정돈 후

○ 선인장·다육식물 분갈이 하기

준비물

1. 분갈이 할 식물(예시 식물은 청산호)
2. 기존 화분보다 높이와 지름에 있어 여유가 있는 화분(식물마다의 뿌리 크기와 성장 속도를 고려해 대략 1.5배 큰 화분이면 적당합니다. 충분한 양의 흙을 담을 수 있어야 하고, 하단에 배수층을 만들어야 하니 너무 낮지 않은 화분으로 선택해 주세요)
3. 선인장·다육식물 분갈이용 흙
4. 마사토

5. 삽

6. 깔망(코이어 테이프, 코이어 테이프는 코코넛 껍질을 말려 만든 자연적인 소재로 배수 구멍으로의 불필요한 뿌리 탈출을 막아줍니다. 이는 플라스틱 그물망으로 대체 가능합니다)

7. 꽃가위

8. 핀셋(섬세한 정돈이 필요할 때 사용합니다)

9. 물조리개

분갈이 하는 방법

1. 화분 바닥의 배수 구멍 위에 깔망을 올립니다.

2. 화분 비율에 따라 1/4 정도가 채워지도록 마사토를 넣습니다.

    * 아래쪽에 마사토를 넣는 이유는 물이 정체되지 않고 아래로 잘 빠지게끔 하기 위함입니다. 화분 크기에 따라 마사토의 비율을 맞춰주세요. 선인장·다육식물의 경우 마사토를 두툼히 넣어 배수가 원활하도록 해 주어야 합니다.

3. 마사토 위에 선인장·다육식물 분갈이용 흙 한 줌을 넣은 후 손으로 살살 경계를 풀어줍니다.

    * 생략해도 괜찮은 단계입니다.

4. 플라스틱 화분 주변을 부드럽게 조물조물 마사지해 가장자리에 틈을 만들어 줍니다. 핀셋 뒷부분이나 나무젓가락 등의 도구로 뿌리의 손상을 조심하며 틈을 만들어 줘도 좋습니다. 식물을 꺼낼 때는 포트 아래쪽을 구기듯 잡고 약간 기울여 빼냅니다. 식물의 줄기가 튼튼할 경우 부러지지 않도록 조심스레 움켜잡은 후 화분 윗부분을 가볍게 툭 쳐 주세요. 식물을 꺼낸 뒤 뿌리를 감싸고 있는 흙은 위와 아래만 가볍게 정리하고, 옆쪽은 최대한 건드리지 않습니다(121쪽 참고).

5. 정돈된 식물을 새로운 화분에 넣습니다. 이때 멀리서 봐가며 각도, 높이, 위치를 적절히 조절합니다. 약간의 각도 차이나 배치한 위치(왼쪽, 오른쪽, 중앙)에 따라 전체적인 디자인이 달라질 수 있습니다.

   * 식물을 과도하게 깊이 식재하면 줄기 부분이 무르거나 화분 속 흙 양이 많아져 과습의 위험이 높아집니다. 너무 높거나 낮지 않게 기존 흙을 살짝 덮는 정도로 위치를 잡아 주세요.

6. 화분과 식물 사이의 틈에 흙을 조금씩 골고루 넣어줍니다. 구석구석 흙이 잘 들어갈 수 있도록 화분을 가볍게 들어 테이블을 두드리듯 위아래로 탁탁 쳐 주세요. 화분 옆을 손바닥으로 쳐 주는 것도 좋은 방법입니다. 대형 식물의 경우 기다란 작대기 같은 도구로 가장자리를 따라 흙을 찔러 넣어 줘야 중간 부분에 흙이 잘 채워집니다.

   * 이 작업을 하지 않으면 식재를 완료하고 물을 줄 때 흙이 훅 하고 꺼지는 현상이 생길 수 있습니다.

7. 흙은 가득 채우지 않습니다. 화분 입구에서 3~5cm 정도의 깊이만큼은 물그릇 용으로 남겨둡니다.

   * 흙을 과하게 채우면 물을 주자마자 흙이 부풀어 올라 화분 밖으로 넘쳐흐르는 사태가 발생합니다. 때문에 물을 충분히 줄 수 없게 되죠. 흙 표면에 마감재를 올려 마무리하면 흙 넘침을 어느 정도 방지할 수 있지만 디자인의 목적이 아니라면 마감재는 사용하지 않는 것이 생육에 도움을 줍니다.

8. 마감재로 마사토를 올려줍니다.

  ∗ 관엽식물의 경우 가능하면 마감재를 쓰지 않는 편이지만 선인장과 다육식물은 물 주기 간격이 길어 흙 마름을 자주 체크하지 않아도 되므로 마감재를 활용해 마무리해도 좋습니다. 두툼히 올린 마사토는 식물체가 흔들리지 않도록 지지하는 역할도 해 줍니다.

plan 3.   조금 더 노력하기

○ 식재 디자인 노하우

화분에 식물을 심는 것을 '식재'라고 합니다. 식물을 인테리어 요소만으로 취급해선 안 되지만 적절히 예쁘게 식재하면 공간의 분위기를 한껏 살릴 수 있습니다. 제가 식재 디자인을 할 때 고려하는 몇 가지 사항에 대해 소개하겠습니다. 사실 거창한 노하우라고 말할 순 없지만 여러 가지 식물과 화분, 돌과 흙을 만지는 시간이 많다 보니 식재 시 '자연의 것'처럼 조화롭게 어울리는지 이질감이 드는지 정도를 구분할 눈썰미는 생겼지 싶습니다.

식물, 화분, 공간의 전체적인 분위기 파악하기
식재 전 식물과 화분의 선, 형태, 깊이, 색감, 질감을 전반적으로 고려합니다. 식물의 분위기에 따라 강조, 리듬감과 같은 단어를 떠올리며 전체적인 밸런스를 상상해 봅니다. 식물이 놓이게 될 공간과의 조화도 빼놓지 않고 확인합니다.

자연 풍경에서 받은 영감 활용하기
저는 평소 자연의 식생을 유심히 살피고 식재 시 자연을 형상화하는 것에 즐거움을 느낍니다. 아스팔트 위 돋아난 잡초도, 산책길에 만난 돌부리 옆 작은 식물도, 우리 주변의 크고 작은 나무의 모습도 허투루 보는 날이 없습니다. 어쩌면 하찮게 보이는 그 모습 그대로가 최고의 디자인이라는 생각도 하곤 합니다. 식재 디자인이라는 것은 결국 넓은 자연을 작게 축소하고 모방하는 일에 불과하다고 생각합니다. 화분 안에서의 디자인은 컴퓨터 프로그램을 통한 디자인처럼 다양한 툴을 활용해 화려한 효과나 장식을 더할 순 없습니다. 그러니 식생에 지장을 주는 과도한 멋을 내려고 하지 말고 늘 여백을 중요하게 고려해 보세요. 특별하게 꾸미려 하지 않아도 약간의 각도를 달리하고 재배치하는 것만으로 울창한 숲을 표현할 수도 푸른 초원을 표현할 수도 있게 됩니다.

자연스러운 분위기의 식물 선택하기
판매용이 아니라 제가 키울 식물을 구입할 때는 어딘가 조금 못났거나 부족한 구석이 있는 것, 무언가 사연이 있을 법한 것들을 고르곤 합니다. 당장은 상품으로서 하찮아 보이지만 화분과 장식을 통해 새로운 가치를 부여해 주고 싶은 욕심이 생긴달까요. 어울리는 화분에 심은 후 오랜 시간 공을 들여 키워내면 이야기가 쌓여 더욱 깊이감 있는 식물로 재탄생되기도 합니다.

성장 속도를 고려한 화분 선택하기
앞서 여러 번 언급했지만 화분에 식물을 옮겨 심을 때는 성장 속도를 충분히 고려해야 합니다. 성장에 따라 변화되는 잎의 크기, 수형 등을 고려해 화분을 선택하는 것이 중요해요. 잎이 크고 사방으로 풍성해지는 식물은 지름이 넓은 화분에 심어야 안정적입니다. 위로만 뻗어 올라가 부피감을 많이 차지하지 않는 식물도 있습니다. 황칠나무가 대표적인데, 이 식물은 뿌리의 양이 많지 않기 때문에 좁고 긴 모양의 화분에 심어도 조화롭습니다.

계절감에 어울리는 톤의 화분 선택하기
식물이 풍기는 전체적인 무드를 계절로 나눠보는 것도 식재 디자인에 도움이 됩니다. 가을과 겨울이 연상되는 차분한 느낌의 식물이라면 채도가 낮은 브라운, 블랙, 그레이톤 화분을 주로 사용하고, 봄과 여름이 연상되는 밝은 느낌의 식물이라면 화이트나 밝은 브라운 컬러를 활용합니다. 화분의 재질에 따라서도 묵직하거나 경쾌한 분위기를 낼 수 있다는 점을 기억해 두세요. 사실 식물의 계절감은 보는 사람마다 다를 수밖에 없습니다. 제가 느끼기엔 초가을의 느낌이 들더라도 어떤 이에게는 추운 겨울이 연상될 수도 있죠. 계절감을 떠올리는 게 어렵다면 식물의 잎과 줄기, 가지가 지닌 고유의 색과 어울리는 톤을 편안하게 떠올려 보세요.

마감재 활용하기

같은 식물, 같은 화분이라도 마감 장식을 어떤 식으로 하느냐에 따라서 다양한 표현을 할 수 있습니다. 식재 후 올리는 마감 장식은 화분의 색감에 맞추는 걸 추천합니다.

식재 디자인에는 정답이 없습니다. 많이 시도해 보세요. 좋았던 디자인, 별로였던 디자인 모두 소중한 경험이 됩니다. 느린 듯 어느새 자라나 있는 식물처럼 천천히 본인만의 노하우가 생길 것입니다. 그리고 보이는 아름다움에 집착하기보다 어떠한 경우에도 식생을 먼저 고려하는 마음을 품고 있길 바랍니다.

2. 영양 공급(비료 주기)

분갈이가 필요한 시기 정도는 눈에 띄는 변화로 알아차릴 수 있지만, 영양제는 대체 언제 어떻게 줘야 할지 감이 잘 안 올 거예요. 화학적인 물질을 공급하는 게 왠지 겁나기도 할 거고요. 기본적인 환경을 갖춰주는 것에 어느 정도 익숙해졌다면 영양제를 적절히 활용해도 좋습니다. 어렵게 느껴질 수 있는 부분이지만 한 번만 제대로 공부해 두면 식물을 더 건강하게 키울 수 있답니다.

○ 영양 공급을 하는 이유

식물은 흙에 있는 물과 양분을 섭취하며 살아갑니다. 시중에 판매하는 원예용 상토에는 2~3개월 정도 유지되는 분량의 비료 성분이 들어있습니다. 이는 식물이 흡수함에 따라, 관수에 의해 화분 밖으로 배출됨에 따라 시간이 지날수록 줄어들게 됩니다. 때문에 적절한 시기에 양분을 보충해 주어야 하죠. 양분이 빠진 흙에서 자라는 식물은 전체적으로 비실해지고, 잎이 과하게 하엽지고, 꽃이나 열매를 잘 맺을 수 없게 됩니다.

일부 식물은 비옥하지 않은 흙에서 더욱 잘 살아가기도 합니다. 난이나 선인장, 다육식물이 이에 해당됩니다. 촉촉하고 양분이 많은 흙보다는 나무껍질이나 수태, 모래 등을 섞은 흙에서 더 건강하게 자라요. 자생지의 척박한 환경에 적응했기 때문이죠. 개인적으로 이런 식물들에게는 고체 비료(알갱이 형태)를 분갈이 시 소량 넣어주고 액상의 영양제는 별도로 공급하지 않고 있습니다.

○ 영양 공급이 필요한 경우

식물은 잎을 통해 건강 상태를 표현하는 경우가 많습니다. 정상적으로 낙엽이 지는 계절이 아님에도 잎이 노랗게 변하거나 축 늘어져 있다면 흙 상태를 먼저 살펴야 합니다. 마그네슘(Mg)이 부족해 흙이 산성화된 경우 이런 현상이 나타날 수 있습니다. 칼륨(K)이 부족할 때도 잎이 누렇거나 붉게 변할 수 있는데, 특히 꽃이 잘 맺히지 않는다면 칼륨을 보강해 주는 것이 좋습니다. 반면, 질소(N)가 너무 많은 경우에도 꽃이 적게 피는 현상이 발생할 수 있으니 질소를 과하게 주지 않도록 주의합니다. 영양제 구성 성분과 관련해서는 138쪽에서 좀 더 자세히 설명하겠습니다.

식물의 상태가 심하게 좋지 않을 경우에는 영양 공급을 멈춰야 합니다. 양분을 흡수하느라 에너지를 더 쓰게 돼 오히려 상태가 더 나빠질 수 있기 때문이죠. 우리 사람도 건강할 때 영양제를 먹어야 효과적인 것처럼 식물 역시 상태가 양호할 때 미리 건강을 챙기는 게 좋습니다.

○ 적절한 영양 공급 시기

영양제(비료)를 주는 시기로는 성장이 활발한 봄, 가을을 추천합니다. 겨울에 꽃을 피우는 식물이 아니라면 한겨울에는 영양제를 주지 않아야 합니다. 저의 경우 분갈이 시기를 기점으로 영양 공급을 하고 있어요. 참고로 고체 비료는 생생코트, 액체 비료는 하이포넥스 제품을 사용하고 있습니다(139쪽 참고).

분갈이 시 / 관엽식물, 선인장, 다육식물 모두 고체 비료는 기본적으로 넣어줍니다.
분갈이 한 지 3개월 뒤 / 꽃을 피우거나 열매를 맺는 식물, 성장이 비교적 빠른 식물에게 액체 비료를 줍니다.
분갈이 한 지 4~6개월 뒤 / 일반 관엽식물에게 액체 비료를 줍니다.

○ 영양제의 구성 성분

식물이 가장 많이 흡수하여 생장에 이용하는 원소는 질소(N), 인(P), 칼륨(K)이며, 이를 비료의 3요소라고 합니다. 전체적인 비율은 질소(N):인(P):칼륨(K)=3:1:2 정도가 적당해요. 각각의 성분이 어떤 효과를 내는지 확인하고, 내 식물에 현재 필요한 성분의 비율이 높은 것으로 구비하세요. 식물 생장에 있어서 흙의 산도(PH 값)도 중요한데, 산도에 따라 흙 속의 질소, 인, 칼륨을 비롯한 필수 성분들이 뿌리에 흡수되는 정도가 달라지기 때문입니다.

질소(N) / 주로 잎과 줄기의 성장에 필요한 요소
· 부족할 경우 : 잎에 황화 현상이 발생할 수 있고, 과하게 낙엽지거나 성장이 멈출 수 있습니다.
· 과다할 경우 : 잎이 암녹색으로 변하고, 지나치게 무성해집니다. 조직이 약해져 식물이 잘 쓰러집니다. 병충해를 유발하기도 합니다.

인(P) / 뿌리를 튼튼하게 하고, 꽃을 피우는데 영향을 주는 요소
· 부족할 경우 : 생육 부진을 유발해 잎의 크기가 작아집니다. 잎의 색이 변할 수도 있습니다.
· 과다할 경우 : 생육 불량을 유발하며, 동시에 철, 아연, 구리 또한 결핍될 수 있습니다.

칼륨(K) / 전체적인 면역에 관여하며, 열매를 맺는데 영향을 주는 요소
· 부족할 경우 : 잎 끝, 가장자리, 잎맥 사이를 따라 황화 현상이 나타나며, 과하게 낙엽지거나 뿌리 신장이 불량해집니다. 줄기가 약해서 작은 힘에 부러지기 쉬운 상태가 됩니다.
· 과다할 경우 : 칼슘, 마그네슘의 결핍을 유발합니다.

다량원소 / 생육 과정에서 필수적으로 많은 양을 요구하는 원소
질소(N), 인(P), 칼륨(K), 칼슘(Ca), 마그네슘(Mg), 황(S) 등

미량원소 / 생육 과정에서 매우 적은 양을 필요로 하지만 없어서는 안 되는 원소
철(Fe), 아연(Zn), 망간(Mn), 구리(Cu), 염소(Cl), 붕소(B) 등

정석적으로는 부족한 영양분을 각각 보충해 주어야 하지만 전문가가 아닌 이상 번거롭고 어렵다고 느낄 거예요. 많은 수강생들을 만나오면서 알게 된 사실은 '영양제를 주어야 한다는 것' 자체를 모르는 경우가 더 많았습니다. 이제부터 우리는 '식물이 필요로 하는 영양소에는 이런 것들이 있구나, 어떤 효과를 내는구나' 정도만 알아 두고 시기에 맞춰 공급하는 연습을 시작해 보기로 해요. 저의 경우 여러 제품들을 테스트해 보면서 몇 가지 고정적으로 사용하는 제품들이 생겼습니다. 종합영양제처럼 간편하게 사용할 수 있는 제품들이니 참고해 보세요.

추천 영양제 · 분무기

plan 3. 조금 더 노력하기

1. **하이포넥스 하이그레이드 액체 비료** / 비율에 맞춰 희석해 사용해야 하는 타입입니다. 희석 비율은 제품 뒷면에 명시되어 있습니다(대략 1000:1 정도). 수경식물 영양제로 사용 가능합니다.

2. **하이포넥스 액체 비료** / 흙 표면에 꽂아 사용하는 타입의 액체 비료입니다. 꽂아 두는 게 아니라면 이 또한 천천히 흡수되도록 물에 희석해서 사용해야 합니다.

   * 부정할 수 없이 비료는 일본 제품이 좋다고 느끼고 있습니다. 하이포넥스 제품은 가격적으로도 부담이 없고, 이미 많이 알려진 제품이라 구매처가 다양해 접근성도 좋습니다.

3. **생생코트 고체비료(완효성 비료)** / 알갱이 형태로 액체 형태보다 훨씬 느린 속도로 흙에 흡수됩니다. 저의 경우 분갈이 시 기본적으로 넣어주는 편이며 30알 미만으로 사용 중입니다.

4. **분무기** / 액체 타입의 비료를 희석해 엽면시비할 때 사용합니다. 물을 가득 채운 후 한두 방울의 영양 원액을 더해 사용하면 됩니다.

○ 영양제 공급 방법

식물의 성장을 위해 적절한 양분을 공급하는 것은 필요한 일이지만 너무 과할 경우 탈이 난다는 것도 알고 있어야 합니다. 양분이 과하게 공급되면 식물의 면역력이 약해지거나 예쁘지 않은 모습으로 자랄 수 있습니다. 사용법을 몰라 액상 영양제 한 통을 골고루 뿌려줬더니 식물이 녹아내리듯 죽었다고 표현하던 분의 이야기가 떠오릅니다.

모든 영양제 뒷면에는 사용 방법과 권장 용량이 표기되어 있으니 이를 충분히 참고해 주세요. 또한 식물뿐만 아니라 병충해를 일으키는 벌레들도 영양분을 좋아한다는 것을 알아두세요.

전면시비 / 흙에 직접적으로 고체 또는 액체 비료를 골고루 뿌려주는 방식
엽면시비 / 액체 비료를 물에 희석한 후 분무기를 이용해 잎에 뿌려주는 방식. 잎 뒷면에 뿌려주면 흡수율을 높일 수 있습니다. 영양제를 처음 주는 경우 아주 미량의 양분을 차츰 공급해 준다고 생각하고 묽게 희석하는 것을 추천합니다(대략 2000:1 정도).

엽면시비가 효과적인 경우
비료는 흙에 주는 것이 일반적이지만, 아래의 경우 잎에 공급하는 엽면시비가 효과적입니다.

- 뿌리가 병충해를 입었거나 고온의 날씨로 인해 뿌리의 흡수 기능이 떨어졌을 때
- 상태가 안 좋아지기 시작한 식물의 빠른 회복을 원할 때
- 특정 성분의 결핍 증상이 나타났거나 예상될 때
- 흙으로부터 흡수가 어려운 성분이 있을 때
- 흙이 건조하거나 과습할 때

＊ 농작물의 경우 농촌진흥청에서 제공하는 '원예작물별 표준 시비량' 기준을 참고하세요.

3. 지지대 설치

식물이 성장함에 따라 원하지 않는 수형으로 변해버리거나 바람과 비에 의해 고꾸라질 수도 있어 적절히 지지대를 세워줄 필요가 있습니다. 모든 식물에게 해 줄 필요는 없지만 줄기가 가늘고 키가 큰 식물, 덩굴식물 등에 지지대를 세워주면 좋습니다. 저의 경우 생육에 크게 지장이 없다면 미관상 지지대를 해 주지 않는 편이에요. 세월의 흐름이 느껴지도록 자연스럽게 두는 것을 좋아하기 때문이죠. 일부러 비대칭이나 쏟아져 내리는 수형을 만들고 싶을 때는 빛을 최대한 이용하고, 목질화된 줄기를 가진 식물의 경우 철사를 감아 수형을 잡아주기도 합니다.

식물 지지대를 따로 구입해도 되지만 긴 막대라면 뭐든 사용 가능합니다. 지지대를 식물에 고정할 때는 줄기에 상처를 내지 않는 소재로 묶어 줘야 합니다. 마끈이나 원예용 얇은 철사를 추천해요. 식물의 키가 다 자란 뒤 지지대를 세우는 건 시기적으로 늦으니 왕성한 성장이 시작되는 초봄쯤 세워주는 게 효과적입니다. 설치 시 식물의 키가 얼마나 성장할지 대략 고려해 길이를 조정해 주세요. 지지대를 세우면 식물은 자라면서 자연스럽게 지지대 사이를 파고들거나 겉을 감싸면서 잎과 줄기를 성장시킵니다.

● 철사를 감아 수형을 잡아준
　황칠나무, 다정큼나무

● 심각하게 웃자란 몬스테라. 진작 지지대를 세워
　주었으면 더 잘 자랐을 아이. 처량하게 자라는 중
　에도 새순을 올려주니 미안할 따름이다.

4. 전정과 정지(가지 치기)

과수, 낙엽수, 조경수 등의 나무는 적절한 시기에 가지 치기를 해 줄 필요가 있습니다. 관상을 위한 목적도 있겠지만 가지 치기는 식물을 좀 더 건강하게 자라게 하는데 큰 역할을 합니다. 가지와 잎을 정돈하면 전체적으로 햇빛과 바람이 잘 통하게 되기 때문이죠. 특히 통풍이 원활해지면 병충해의 피해도 막을 수 있습니다. 생장점을 잘라냄으로써 나무의 생장 속도 조절, 꽃눈 분화 조절, 결실 조절, 과실의 품질 향상 등의 효과도 볼 수 있고요. 이러한 작업은 식물이 어렸을 때 미리 해 주는 것이 효과적입니다.

가지 치기는 꽤 전문적인 작업이어서 아무렇게나 진행하는 것은 위험하니 잘 모르겠다면 전문가의 도움을 받아 보세요. 잘라야 할 부분을 제대로 선별해야 하고, 자르는 위치가 정확해야 효과가 있습니다. 참고로 가지 치기를 흔히 '전정'과 '전지'라고 부르는 경우가 많지만 올바른 표기로는 '전지'가 아닌 '정지'가 맞습니다.

전정 / 관상, 개화, 결실, 생육 속도 조절 등의 목적을 위해 나무의 작은 줄기나 가지를 솎아내어 다듬는 것

정지 / 재배하는 목적에 따라 수형을 인위적으로 만들기 위해 나무의 큰 줄기나 가지를 절단하는 것(이상적인 외형을 만드는 것이 핵심).

일반적으로 겨울에 휴면하는 과수나 낙엽수의 경우 낙엽 이후, 발아하기 이전에 전정을 실시합니다. 겨울과 봄 사이라고 보면 됩니다. 수종에 따라서는 봄이나 생육 기간 중인 여름에 전정을 하는 경우도 있습니다.

다른 줄기에 비해 지나치게 빨리 자라는 줄기는 잘라내는 것이 좋습니다. 그 줄기로 에너지가 몰리면서 다른 줄기로 가는 영양분을 빼앗게 되고 전반적으로 불균형한 상태로 생장하기 때문이죠. 웃자라거나 무성하게 자란 가지도 잘라주세요. 줄기뿐만 아니라 뿌리도 가지 치기를 해 주어야 합니다. 뿌리가 오래되면 딱딱해지고, 성장 속도가 둔해질 수밖에 없는데요. 이럴 때 뿌리 끝을 잘라내면 새 뿌리가 나와 다시 왕성하게 활동합니다.

- 원예용 가위를 이용해 가지 치기를 하는 모습. 최대한 바짝 잘라주어야 하며 두꺼운 가지는 전정 가위를 사용해야 손목에 무리가 없다.

5. 월동 준비

추위가 찾아오기 전 베란다에 있는 식물은 실내로 옮겨줘야 합니다(베란다 온도에 따라 월동 가능한 식물은 제외). 특히 추위에 약한 열대 관엽식물과 필로덴드론류, 베고니아류는 우리가 충분히 따뜻하다고 느끼는 공간에서 키워야 해요. 식물을 옮긴 후에는 통풍이 잘되지 않을까 걱정이 될 거예요. 아무리 추워도 환기는 해야 합니다. 단, 바람을 쐬라고 창틀에 식물을 올려 두면 바로 얼어 죽을 수 있으니 찬바람을 직접 맞지 않도록 창문과 거리를 두고 공간 전체에 바람이 통하도록 해 주세요. 창문과 가까운 위치에는 가급적 추위를 잘 견디는 친구들을 배치하고요(마찬가지 이유로 여름에 에어컨을 가동할 때도 직접적으로 바람이 닿으면 냉해를 입을 수 있기 때문에 각도 조절을 잘 해 주어야 합니다).

한겨울로 접어들수록 실내 습도 관리 또한 신경 써 주세요. 보일러나 히터 등 난방 기기를 가동하다 보면 실내가 쉽게 건조해지기 때문이죠. 식물에게 수시로 분무를 해 주고, 공간에 가습기를 두어 실내 습도가 떨어지지 않도록 합니다. 습도를 높게 유지시키면 겨울철에도 실내 온도가 떨어지지 않고 적당하게 유지될 거예요. 실내 온도를 10℃ 이상 정도로 맞추면 대부분의 식물은 추운 겨울을 견딜 수 있답니다. 그리고 보일러를 가동하는 시기부터는 모든 식물을 바닥이 아닌 선반 위로 올려 주어야 해요. 바닥 온도가 올랐다 내렸다 하면서 흙이 딱딱하게 굳어질 수 있고, 흙 속 온도가 자주 바뀌면 뿌리 건강에 악영향을 줍니다.

6. 이상 신호 알아채기 (병충해)

병충해의 50% 이상은 통풍이 불량할 때 생겨난다고 해도 과언이 아닙니다. 실제로 바람만 잘 통하게 해 주어도 해결되는 문제들이 많아요. 젖은 흙이 제때 잘 마르지 않아 과습이 오거나 혹은 고온 건조한 상태가 지속될 때 식물은 면역력이 떨어지게 되고 벌레와 균은 그때를 노려 해를 가합니다(이 밖에 다른 영향도 있겠지만 실내 가드닝에선 2가지 원인이 가장 흔한 것 같아요). 병해가 생기고 나면 대사 활동에 교란이 와 광합성 작용을 하지 못하게 됩니다. 또한 양분과 수분을 흡수할 수 없게 되고 금세 식물체 전반으로 바이러스가 퍼지게 돼요. 대사 기관의 기능이 점점 저하되어 가겠죠. 식물의 외형이 이전과 다르거나 유독 힘을 잃어간다면 우리는 의심의 레이더망을 켜고 어떤 이상 증상이 생겼는지 꼼꼼히 살필 수 있어야 합니다.

병충해가 발생하면 덜컥 '이러다 죽는 거 아니야?' 하는 생각부터 들겠지만 초기에 잘 대처하면 대부분 상태가 호전되니 너무 걱정하지 않아도 돼요. 오랜 기간 식물을 키우다 보면 누구나 한 번씩은 겪는 자연스러운 현상이니 안심하세요. 실제로 제가 키우는 식물들에게도 많이 생기곤 하니까요. 실내에서 흔하게 발생하는 병충해는 어떤 것들이 있는지, 어떤 환경일 때 생기는지, 다양한 사례를 알아 두고 그 대처법을 미리 익혀 보세요.

우리가 아플 때 약을 먹고 치료를 받아야 낫듯이 식물이 아플 때도 적절한 조치가 필요합니다. 내 반려식물이 보내오는 신호에 스스로가 처방을 내릴 줄 아는 것은 무척 중요해요. 그 어떤 전문가보다 오랫동안 식물을 곁에서 돌봐 온 당사자가 적당한 판단을 내릴 수 있다면 아무래도 식물에게 더 도움이 될 테니까요. 읽다 보면 '벌레 종류가 이렇게나 많아? 이걸 다 알아야 한다고?' 부담이 되기도 할 거예요. 혐오스럽게 느껴질 수도 있고요. 지금부터 전하는 내용은 외워야겠다는 생각 없이 편하게 읽어 보길 바랍니다. '주로 이런 경우에 이런 문제가 생기는구나!' 하고 가볍게 기억해 두면 더 좋을 것 같습니다.

○ 실내에서 생기기 쉬운 병충해의 종류

고온 다습한 여름에는 벌레와의 전쟁이 극에 달합니다. 건조한 환경을 좋아하는 벌레도 있기 때문에 겨울이라고 안심할 수는 없습니다. 병충해는 언제 어느 때 찾아올지 모르니 사계절 내내 조심해야 해요. 대개는 습도가 낮을 때보다는 과습(흙과 대기 모두), 배수 불량, 너무 높거나 낮은 기온, 부족한 햇빛, 과잉 시비(영양제 과다), 상처 등에 의해 발생하는 경우가 많습니다. 실내에서 식물과 함께 살아간다면 수시로 환기를 하고, 특히 여름철에는 기온이 과하게 높아지지 않도록 살펴주세요(30℃ 미만으로 유지). 참고로 병충해를 입은 식물의 잎은 정상으로 돌아오지 않으니 미리 예방하는 게 최선이며, 이미 피해를 입었다면 적절히 부분부분 제거해 주고, 잎 전체가 피해를 입은 경우라면 과감히 잎을 떼어내는 게 좋습니다.

진딧물
고온 건조할 때 잘 생깁니다. 주로 봄에 새로운 생장 부위와 어린잎의 아랫면, 줄기 끝에서 주로 발견됩니다. 잎이나 줄기에 붙어 단물(끈적이는 액체)을 분비하고, 그을음병을 퍼트리는데요. 번식이 매우 빨라 순식간에 퍼져 나가고, 다른 식물로 옮겨가 2차, 3차 병해로 이어지기 쉬우니 초기 발견이 중요합니다.

• 4월, 무니조팝의 줄기 끝 어린잎 쪽에 생긴 진딧물

해결 방법 / 발병 초기에는 화분의 흙이 쏟아지지 않을 정도로만 기울여 샤워기 수압으로 세차게 물을 뿌려 닦아냅니다(줄기와 잎의 두께를 고려해야 합니다). 이후 잎의 앞 뒷면을 꼼꼼히 살피면서 덜 씻긴 흔적이 있다면 물티슈로 닦아냅니다. 종종 물티슈로 식물을 닦아도 되냐는 질문을 받는데, 개인적으로 아기용 물티슈는 식물에게 큰 영향을 끼치지 않는 듯하여 사용하고 있습니다. 안 닦는 것보다는 훨씬 낫다고 생각합니다. 이렇게 조치했는데도 상태가 호전되지 않고 진딧물이 또 생겨난다면 살충제(대부분의 식물 해충 방제용 약)를 쳐야 합니다.

깍지벌레(개각충)

고온 건조할 때 잘 생깁니다. 줄기나 잎 앞 뒷면에 갈색을 띤 무언가가 붙어 있다면 깍지벌레를 의심해 봐야 합니다. 또한 생김새는 비슷하나 흰색으로 보풀이 난 것처럼 보이는 형태라면 가루깍지벌레, 흰솜깍지벌레일 확률이 높습니다. 이들은 잎과 줄기가 이어지는 부분, 새순, 새잎에 특히 잘 번식합니다. 유충이 적당한 장소를 찾아 정착하면 줄기나 잎의 세포

• 유도화 잎 뒷면에 생겨난 깍지벌레. 물 주기를 놓친 것이 원인으로 추측

에 입을 찔러 넣어 즙액을 빨아먹는 형태로 식물에게 해를 가합니다. 이로 인해 잎이 시들고 노랗게 되거나 떨어지곤 해요. 눈에 잘 띄기에 다른 벌레들에 비해 초기 제거가 쉬운 편입니다.

해결 방법 / 갈색 또는 흰색의 깍지벌레를 발견했다면 핀셋이나 물티슈를 활용해 떼어냅니다. 떼어내는 과정에서 떨구지 않도록 주의합니다. 이후 식물을 실외로 옮겨 살충제를 뿌려주세요. 만약 깍지벌레를 떼어내지 않고 약을 뿌릴 경우 살충제가 침투되지 않습니다. 뒤늦은 발견으로 이미 심하게 전염된 상황이라면 해당 부분의 잎이나 줄기를 가위로 제거해 주세요.

응애

이름만 들어도 왠지 피곤한 느낌이 들죠. 고온건조할 때 급격히 증가하는 벌레입니다. 번식속도가 굉장히 빠르며 피해를 입힐 수 있는 범위가 매우 넓습니다. 몸 색깔이 투명한 것부터 붉은색, 검은색 등 종류가 다양하고 발생하는 시기에 따라 색이 달라지기도 합니다. 크기가 0.5mm도 되지 않아 육안으로 구분하기 어려운 경우가 많아요. 대부분 잎 뒷면에 집중적으로 모여 번식하고, 거미줄 같은 가느다란 실을 뽑아 잎 표면과 가장자리를 덮는 특징이 있습니다. 이렇게 친 실타래를 타고 이동하곤 해요. 응애는 어린잎도 좋아하지만 오래된 잎도 가리지 않기 때문에 이미 다 자란 잎에도 생길 수 있다는 것을 알아 두어야 합니다. 잎 전반에 먼지가 앉은 듯 색이 흐려진 경우, 얼룩덜룩 해지거나 갈색으로 변한 경우 응애를 의심해 볼 수 있습니다.

해결 방법 / 물에 약한 편이라 발생 초기에는 호스 등으로 물을 뿌려주면 개체 수를 줄일 수 있습니다. 단, 완벽히 제거하기는 쉽지 않아요. 발생 즉시 해당 식물을 다른 식물들과 격리시키고, 잎의 앞 뒷면과 흙까지 살비제(응애류 전용 방제약. 총채벌레 방제 시에도 사용)를 뿌려야 합니다. 지독한 놈이라 1가지 약만 뿌리면 내성이 생길 수도 있습니다. 살비제를 뿌려도 쉽게 제거되지 않는다면 다른 종류의 살비제를 뿌려주어야 하죠. 식물과 흙의 온도가 일정 수준 이상으로 높아지지 않게 주의하면 발생 확률을 줄일 수 있습니다.

총채벌레

고온 건조할 때 잘 생깁니다. 잎이 칙칙해 보이거나 울퉁불퉁할 때, 희거나 노란색의 얼룩덜룩한 반점이 나타날 때 총채벌레 번식을 의심해 봐야 합니다. 갈색 또는 검은색 작은 벌레가 식물의 수액을 빨아들이면서 주변으로 쉽게 번식하며, 감염된 잎은 결국 작아지고 황화되어 떨어집니다.

해결 방법 / 초기에는 식물 주변에 끈끈이 트랩을 매달아 잡을 수 있고, 살비제를 뿌리는 것도 도움이 됩니다. 천적인 미생물을 활용해 생물학적 방제를 할 수 있지만 이 방법은 우리가 쉽게 시도하기엔 무리가 있습니다. 가장 쉬운 해결 방법은 피해를 입은 잎을 잘라내고 분갈이를 새로 해 주는 것이에요. 분갈이를 했더라도 다시 생길 수 있으니 한동안 예의 주시 해야 합니다.

뿌리파리

대기와 흙 속 습도가 높을 때 생기기 쉬운 벌레입니다. 다른 벌레에 비해 식물에 치명적인 해를 입히지는 않지만 식물 주변을 비롯해 우리가 생활하는 공간 곳곳에 날아다니기 때문에 굉장히 성가신 상황이 발생합니다. 한두 마리였던 뿌리파리가 알을 낳고 개수가 많아지면 다른 벌레들에 비해 쉽게 눈에 띄기에 식물을 키우기가 싫어지기도 합니다.

해결 방법 / 뿌리파리는 습한 흙과 곰팡이균을 좋아하기 때문에 과습이 오지 않도록 주의해야 합니다. 개인적인 경험으로 개수가 적을 때는 통풍만 잘 시켜줘도 쉽게 제거가 됐고, 양이 많을 때는 식물마다 주변에 끈끈이 트랩을 설치해 원인이 되는 식물을 찾은 후 집중적으로 살충제를 뿌리는 식으로 방제했습니다.

온실가루이

흰색의 작은 나방처럼 생긴 벌레로 잎 뒷면에 붙어 알을 낳아 번식합니다. 잎에 붙은 알 때문에 식물의 광합성과 호흡이 감소되어 생육이 불량해져요.

해결 방법 / 온실가루이는 완벽하게 제거하기 어렵기 때문에 문제가 생긴 잎은 다 떼어내고, 진딧물이나 깍지벌레에 사용하는 살충제를 뿌려줍니다. 저의 경우 식물에 온실가루이가 심하게 번졌을 때는 다른 식물로 옮겨가기 전에 해당 식물을 과감히 떠나보내 주기도 합니다.

민달팽이

민달팽이는 식물의 잎, 줄기, 뿌리를 갉아먹으며 살아가기 때문에 갑자기 잎에 구멍이 생기거나 반짝이는 점액질이 묻어 있다면 민달팽이의 습격이 시작되었다고 볼 수 있습니다. 낮에는 주로 축축한 흙의 구석에 숨어 있다가 밤에 나와 활동하는 야행성을 갖고 있습니다.

해결 방법 / 흙 표면과 식물을 습하지 않고 깨끗하게 관리합니다. 완벽하게 제거하고 싶다면 분갈이를 한 후 살충제를 뿌려주세요. 저는 아직 시도해 보지 않았지만 접시에 맥주를 담아 주변에 놓으면 달팽이가 유인돼 맥주에 빠진다는 말이 있습니다.

흰가루병

공중 습도가 높을 때나 질소 비료의 과다 시비로 인해 생깁니다. 잎에 곰팡이가 번져 흰가루를 뒤집어쓴 것 같은 증상이 발생합니다. 잎이 뒤틀리거나 말리기도 해요. 완벽히 제거하는 게 어렵고 재발의 위험이 있으니 한 번 발생했다면 예의 주시 해야 합니다.

해결 방법 / 살균제를 사용해 방제하거나 공간의 습도를 낮추고 환기합니다.

잿빛곰팡이병

저온 다습할 때 잘 생깁니다. 주로 잎, 줄기, 꽃잎 등에 발병하며 감염된 조직은 옅거나 짙은 갈색의 잿빛 무름 현상이 나타납니다. 새로 난 잎보다는 오래되거나 상처가 있는 잎에 발병하는 경우가 더 많습니다. 해당 병에 민감한 식물에는 국화, 장미, 베고니아, 심비디움 등이 있습니다.

해결 방법 / 공간의 환경을 청결하게 개선하며 통풍을 원활하게 해 줍니다. 습도도 낮춰주세요. 발병한 부위에는 살균제를 뿌려 제거하는데, 1가지 살균제를 이용할 경우 내성이 생길 수 있으므로 다른 종류로 바꿔가며 사용하는 것이 좋습니다.

줄기무름병, 뿌리썩음병

고온 다습, 저온 다습할 때 주로 발생합니다. 감염된 조직에는 병반이 생기고, 점점 물러지다가 심하면 부패해 악취가 나면서 말라 죽습니다. 잎이나 뿌리의 상처를 통해 전염되곤 해요. 다육식물, 선인장, 일부 지중해산 허브류에 주로 발생합니다.

해결 방법 / 살균제를 사용해 완화시킬 수 있습니다. 감염된 조직은 깨끗하게 제거해 주세요.

탄저병

고온 다습할 때 주로 발생합니다. 잎 끝이나 가장자리에 황색, 갈색 혹은 검은색 병반이 생기고, 잎과 줄기가 마르는 증상이 나타납니다. 탄저병에 민감한 식물에는 고무나무, 관음죽, 심비디움, 선인장 등이 있습니다.

해결 방법 / 살균제를 사용해 완화시킬 수 있습니다. 통풍을 원활하게 해주며 습도를 낮춰줍니다.

그을음병

진딧물이나 깍지벌레류의 끈적한 배설물에 의해 검은 곰팡이가 발생하면 잎 표면이 그을리듯 검게 덮인 상태가 됩니다. 이러한 증상이 생기면 빛이 잎 표면에 도달하는 것을 방해해 광합성이 억제되며 생육 불량으로 이어집니다. 그을음병에 민감한 식물에는 고무나무, 야자류, 선인장, 다육식물, 필로덴드론 등이 있습니다.

해결 방법 / 진딧물과 깍지벌레류를 방제하기 위한 목적이라면 살비제를 사용해야 합니다. 감염된 부분을 깨끗하게 제거하고, 잎을 젖은 수건이나 물티슈로 닦아줍니다. 충분한 환기도 필요합니다.

버섯

과습과 더불어 통풍이 불량할 때 흙 표면에 생깁니다. 버섯은 포자로 번식하는 곰팡이균이기 때문에 번식 속도가 굉장히 빠르고 넓게 퍼집니다. 사실 좀 귀엽게 생겨서 키우고 싶다는 생각이 들 수도 있지만 발견 즉시 제거해 주세요.

해결 방법 / 흙 표면에 마감석과 이끼가 올려져 있다면 서둘러 걷어냅니다. 이어 자라난 버섯을 뽑아낸 뒤 표면을 덮고 있는 흙도 최대한 걷어냅니다. 이후 바람이 잘 통하도록 흙을 말려주는 게 급선무입니다. 수분을 최대한 말린 후 걷어낸 흙의 양만큼 다시 채워줍니다. 이때 훈탄을 혼합한 흙을 사용하면 재발과 확산을 막을 수 있습니다. 완벽하게 제거되지 않았다면 재발의 위험이 높으니 충분한 시간을 갖고 살펴보아야 합니다.

* 흰가루병, 잿빛곰팡이병, 줄기무름병, 뿌리썩음병, 탄저병, 그을음병 등은 살충제가 아닌 살균제를 사용해야 합니다.

살충제 : 식물 해충 방제 / **살균제** : 식물 병원균 방제 / **살비제** : 응애류 방제

○ 병충해가 아닌 증상

아래쪽 잎이 노랗게 변하는 현상

사진 속 식물은 '알로카시아 프라이덱'입니다. 새순을 올려주어 잘 자라는가 했더니 아래쪽 잎 중 하나가 노랗게 되면서 힘을 잃어 축 처지더라고요. 왜 그런 걸까요? 그리고 괜찮은 걸까요?

식물은 다양한 이유로 잎이 노랗게 변하곤 합니다. 노란 잎의 위치가 아래쪽이냐 위쪽이냐 전체냐에 따라서 다른 증상으로 분류되기도 해요. 예시로 소개한 프라이덱의 아래쪽 잎이 노랗게 된 증상은 성장에 따른 자연스러운 현상이니 안심해도 됩니다. 새순을 올리면서 오래된 잎은 떨구어 내는 게 이 식물이 가진 특징이기 때문이죠. 셀렘류, 몬스테라류를 포함한 대부분의 관엽식물이 가지고 있는 특성입니다. 잎 사이즈가 작고 아래쪽에 있어서 어린잎

으로 착각하는 경우가 많지만, 프라이덱의 새 잎은 가장 사이즈가 크고 위에 돋아난 잎입니다.

전체적으로 노랗게 변한 아래쪽의 오래된 잎은 조금씩 떨어질 준비를 할 거예요. 자연스레 떨어지기도 하지만 줄기 아랫부분을 잡고 살살 흔들며 떼어내도 됩니다. 자연스러운 하엽이라면 잎이 탈락하고 얼마 지나지 않아 새순이 돋아납니다.

* 알로카시아 프라이덱
알로카시아류는 대부분 물을 좋아하지 않는 특징이 있기에 배수가 잘되는 흙에 심어야 합니다. 또한 추위에 약하며 습도 높은 환경을 좋아하고 건조할 경우 잎 끝부터 타들어 갑니다.

- 비파나무의 자연스러운 하엽

- 호프셀렘의 자연스러운 하엽

위쪽 또는 전체적으로 잎이 노랗거나 축 처지는 현상

아래쪽이 아닌 위쪽 잎이 노랗게 변하거나 전체적으로 누런색을 띤다면 다른 증상을 의심해 봐야 합니다. 수분이 너무 과하거나 부족할 때, 영양이 과할 때, 빛이 부족할 때, 갑작스러운 온도 변화 시 나타날 수 있는 증상이에요. 분갈이를 필요로 하는 경우에도 위쪽 잎이 노랗게 변하니 시기를 잘 체크해 주세요.

- 겨울철 냉해를 입어 동사한 여인초

메마른 식물 응급 처치법

물 주는 타이밍을 놓쳐 식물이 시들어 버렸다면 포기하지 말고 응급조치를 취해 보세요. 우선 큰 통에 물을 넉넉히 받은 뒤 화분을 통째로 넣고 2시간 정도 담가 둡니다. 동시에 비닐로 식물 전체를 감싸주는 것도 좋아요. 수분이 공기 중으로 증발되지 않고 비닐 안쪽에 맺혀 충분한 수분을 보충해 줄 수 있습니다. 단, 더운 여름철에는 위험할 수 있으니 지양해 주세요.

plan 4.

식물과의 추억 기록하기

　　식물 하나 키우는데 꽤나 많은 것을 알아야 하고, 부지런히 뒷받침되어야 할 행동이 은근 참 많죠. 식물을 위한다는 마음으로 시원하게 물을 주고, 빛을 쬐어주고, 바람을 맞춰주다 보면 결국 가장 행복해지는 건 아마 자신일 겁니다. 우리 삶에 있어 식물이 어떤 존재인지 진심을 담아 좀 더 깊이 있게 들여다보면 앞서 설명한 내용을 하나하나 익히려 하지 않아도 자연스레 식물이 건네는 표현을 알아차리게 될 거예요.

식물을 오랜 시간 키우다 보면 각각 성격 같은 것들이 조금씩 보여요. 무던하고 순한 식물이 있는가 하면 까탈스럽고 자기를 많이 봐달라 칭얼거리는 듯한 식물도 있지요. 그리고 또 왠지 모르게 내 성격과 닮았다 느껴지는 식물도 있고요. 이런 건 하루 이틀 만에 알아차릴 순 없고, 여러 계절 동안 변화되는 모습을 살펴봐야 비로소 파악이 된답니다. 우리의 마지막 플랜은 내 삶과 함께하고 있는 식물들을 추억하고 기록하는 일입니다. 식물의 성장 과정을 단순히 일지 쓰듯 기록하기보다는 조금 더 다채롭게 바라보길 바라는 마음으로 수많은 식물들과 동고동락해온 제 기록을 담아보려 해요. 특별한 정보를 전달하려는 목적보다는 제가 식물과 만들어온 이런저런 추억을 편하게 들려주고자 합니다. 읽다 보면 자연스레 식물에 대한 지식도 쌓이고, 어떤 마음가짐으로 식물을 대해야 할지도 조금은 파악할 수 있을 거예요. 나아가 여러분도 식물과의 추억을 기록하고 싶단 마음이 들었으면 좋겠습니다.

의외의 꽃을 피우는
죽도석곡

이 식물은 첫인상이 참 강렬했어요. 매트한 질감에 곧게 뻗은 줄기들이 마치 대나무숲을 연상케 하더라고요. 농장 사장님에게 "얘는 줄기가 대나무 같네요?" 하니 "그래서 '죽도석곡'이라고 해요"라는 답을 들었답니다. 인상적인 외형 때문에 낯선 이름이었는데도 잊히지 않았어요.

함께한 지 3개월 정도 흘렀을 때쯤부터 하루가 다르게 꽃봉오리가 늘어났어요. 잔잔한 꽃이 필 거라 예상했는데 꽃망울 하나가 땅콩만큼이나 커서 의외라는 생각이 먼저 들었습니다. 난과 식물이라 꽃이 필 거라는 것 정도는 알고 있었지만 이렇게 노랗고 사랑스러운 꽃을 피워내리라곤 생각하지 못했거든요. 물론 정보를 찾아보면 어떤 꽃을 피워내는지 금세 알았겠지만 왜인지 모른 채로 기다려보고 싶더군요. 긴 기다림 동안 모르고 있다가 꽃을 마주하니 '와 너는 이런 꽃을 피워내는구나!' 하는 경이로움이 느껴지기도 했답니다.

우리가 알고 있는 대부분의 식물은 흙 속에 뿌리를 내려 살아가지만 살아온 환경에 따라 공중에 뿌리를 드러내고 사는 식물도 있고, 흙이 아닌 다른 요소들에 의해 양분과 수분 섭취를 하며 살아가는 식물도 있습니다. 또한 꽃을 피워내는 식물이라면 물을 좋아할 것 같지만 그렇지 않은 친구들도 존재해요. 죽도석곡은 '착생란'의 한 종으로 돌 틈이나 나무껍질 등에 기생해 뿌리를 내려 살아가는 것이 특징이랍니다. 많은 양분과 수분을 저장할 수 있도록 줄기가 비대하고, 뿌리와 잎은 수분 증발을 막기 위해 가죽처럼 두꺼워요. 이미 몸체에 수분을 많이 저장하고 있기 때문에 흙 대신 최소한의 수분을 유지시켜줄 수태나 바크를 사용해 식재하곤 하죠. 실제 저는 죽도석곡을 분갈이할 때 흙은 한 줌도 넣지 않았답니다. 이렇듯 죽도석곡은 다른 식물과 비교했을 때 의외의 면모를 여럿 갖고 있는 식물이라 괜히 마음이 갑니다.

죽도석곡 키우기

난과 식물로 수분 요구도가 낮은 편입니다. 뿌리 주변은 건조한 듯 최소한의 수분감이 유지되도록 해주며, 대기 환경은 따뜻하고 습하게 만들어 주면 잘 자라요. 분갈이 시 최소한의 수분을 유지할 수 있도록 수태나 바크만을 사용하거나 소량의 흙을 섞어줍니다. 특히 한 번 젖으면 마르는데 오랜 시간이 소요되는 흙에 심는 것은 피해야 합니다. 대기 습도가 일정량 올라야 개화하는 특징을 가졌는데, 따스한 봄과 여름이 아니라도 온도와 습도만 맞는다면 꽃을 피우기에 더욱 매력적인 식물입니다.

* 수태와 바크에 대한 설명은 plan 2 흙 파트(53쪽)를 참고해 주세요.

- 땅콩알만 한 꽃봉오리.
  초록이 점점 노랑으로 바뀌더니
  이내 하나 둘 터져간다.

나를 닮은 식물
아라우카리아

제 성격을 표현해 보자면 생김새는 도도하고 예민할 것 같다는 얘기를 자주 듣는 편이에요. 하지만 실제로는 꽤나 털털하고, 얌전하지만은 않은 개구진 성격에 가깝습니다. 도도함과는 완전히 거리가 멀어요. 반전 성격 때문에 어릴 적 친구들에게선 '너는 입만 다물고 있으면 좋을 텐데'라는 이야기를 장난스레 듣곤 했답니다. 사교성이 좋고 어느 환경에나 적응을 쉽게 해서 새로운 장소나 낯선 사람과도 금방 잘 어울려요. 주관은 뚜렷한 편이고 싫은데 좋은 척, 좋은데 싫은 척이 잘 안 되는 성격이에요. 상대가 매너 없는 행동을 할 때엔 날카로움을 드러내기도 합니다. 불이익과 정의에 맞서 싸우려는 용사 기질도 있고요.

이런 제 성격을 닮은 식물이 있는데 바로 '아라우카리아'입니다. 침엽수에 해당하는 이 식물은 외관상 잎 끝이 굉장히 뾰족하지만, 잎이 돋아난 결 그대로 쓰다듬으면 따가움 없이 보드라워요. 반면 잎이 돋아난 반대의 결로 만지려 하면 따갑다는 느낌을 받을 수 있습니다. 이런 부분이 가끔씩 날카로움을 드러내는 제 성격과 비슷하다고 느껴지더라고요. 몸체 중앙을 지나는 가지에도 가시를 품은 듯한 날카로운 잎들이 돋아나 있어요. 겉모습으로는 예민할 것 같지만 요구하는 환경 조건은 까다롭지 않으며, 사계절 푸르른 상록수입니다. 어떤 곳에서나 적응을 잘하는 식물이에요. 키워본 경험으로는 병충해에도 강해서 무디고 무딘 식물 중 하나라고 생각합니다. 성장은 느린 편이에요. 층층이 잎을 펼쳐내고 있는 모습인데 층 하나가 제대로 다 형성되기까지는 오랜 시간이 걸립니다. 공기 정화 능력도 뛰어난 이 친구는 겨울철에는 크리스마스 트리로 활용되며 공간에 좋은 기운을 전하기도 해요.

유독 시선이 가거나 좋아하는 식물이 생겼다면 나와 닮은 점은 없는지, 혹은 닮고 싶은 모습은 없는지 한번 찾아보세요. 내 취향을 찾아가는 것은 식물 생활을 이어나가는 데 꽤나 큰 즐거움이 될 거예요.

아라우카리아 키우기

호주의 노포크 섬이 원산지인 상록수로 아열대, 열대 환경에 적응했기에 습도가 높은 것을 좋아하고 추위에 약한 편입니다. 원산지에서는 최대 70m까지 크는 나무이지만 실내에서는 1~3m 정도까지 자라요. 높은 습도를 좋아하지만, 분무를 자주 해 주면 실내에서도 충분히 키울 수 있습니다. 빛이 있는 곳에서 잘 자라니 직사광선만 피해 적절한 빛을 쬐어주세요.

- 아라우카리아 트리 장식.
  오너먼트와 전구를 달아주면 완벽한 트리가 완성된다.

식물은 추억하는 힘이 있다

청기린

작년 7월, 한 달간 제주에 머문 적이 있습니다. 너무나 바빴던 상반기를 보내고 자연 속에서 온전히 쉼을 느끼기 위해 과감하게 작업실을 잠시 비우기로 결심했죠. 오랜만의 여행에 마음이 들떠 인스타그램 스토리에 제주로 여행을 떠난다는 소식을 알렸어요. 지인들이 맛집이나 명소를 추천해 줬으면 좋겠단 작은 기대를 했는데 놀랍게도 클래스를 열어 달라는 연락이 이어졌습니다. 수업을 너무 듣고 싶었는데 제주에서 서울까지 갈 수가 없어 고민했다는 분, 제주 여행을 계획 중인데 일정이 맞는다면 참여하고 싶다는 분 등의 연락에 조금은 멍쩠어요. 제가 뭐라고 제주라는 낯선 곳에서까지 찾아줄까 생각했죠. 심지어 제주가 아닌 다른 지방으로의 출장 계획은 없냐는 연락도 받았답니다. 가장 기억에 남는 분은 거주지가 대구인데 서울까지 가기는 멀어서 망설였지만, 제주 정도는 옆 동네라는 식의 재미난 표현을 하시던 분이었어요. 비행기를 타야 올 수 있는 곳이지만 옆 동네라 표현하다니 제 수업을 소중히 여겨준다는 마음이 온전히 느껴지더라고요.

여행 짐을 꾸리는데 클래스 자료와 가드닝 도구를 챙기고 있는 제 모습을 보면서 피식 웃음이 났습니다. 쉬겠다고 해놓고 일 할 준비를 하는 것도 웃긴데 또 그게 설레는 거예요. 제주라는 낯선 곳에서 진행하는 클래스인 만큼 어떤 식물로 수업을 할까 고민도 오래 했습니다. 고민 끝에 고른 식물은 청기린이

- 각기 다른 사연을 품고 있는 듯한 자유로운 수형의 청산호(첫 번째 사진), 청기린(두 번째, 세 번째 사진)

었어요. '연필선인장'이라고도 불리는 식물이죠. 흔히 볼 수 있는 식물이지만 예사롭지 않은 자유분방한 수형, 각기 무언가 사연이 있을 것만 같은 모양새를 한 청기린이 그날의 클래스에는 딱 제격이라는 생각이 들었습니다. 서로 다른 사연을 안고 제주라는 지역에 모인 우리를 빗대어 볼 수 있겠더라고요. 각자 마음에 드는 청기린을 골라 특유의 선과 각을 살려 식재하는 시간을 가졌습니다. 이리 저리 취향에 맞게 심고 보니 마치 바다 바람이 스치고 간 듯한 모양새가 제주와 잘 어울리더군요. 그날의 좋은 기억 덕분에 청기린을 보면 제주가 떠오릅니다.

> **청기린 키우기**
>
> 청기린은 마다가스카르 섬이 원산지로 건조하고 햇빛이 충분한 환경에 적응한 식물입니다. 햇빛을 좋아하지만 그늘에서도 잘 자라는 편이라 실내에서 키워도 무리가 없어요. 빛을 따라 자라는 습성이 강해 적절히 수형을 잡아줄 수 있답니다. 참고로 청기린이 속한 '유포르비아'속 식물들은 가지가 잘리면 유백색의 즙을 내뿜는데요. 이 유액은 간지럼증을 유발할 수 있으므로 주의해야 합니다.

- 선과 각을 살려 식재한 후 흙의 힘만으로는 지지할 수 없어 마사토를 올리고 묵직한 에그스톤으로 한 번 더 고정한 모습. 다양한 색깔의 에그스톤 중 화분과 비슷한 색깔로 골라 사용하면 통일감이 생긴다.

- 마디 사이 또는 마디 끝에서 새순을 내며 길게 자라는 청산호

왼쪽 선인장은 압석주, 오른쪽 선인장은 백운각

늘 그 자리에 있어 주는
선인장

선인장의 매력은 무엇일까 생각해 보면, 크게 신경 쓰지 못해도 그 자리에 있어 주는 우직함이 아닐까 싶습니다. 바쁜 일상 속에서 잠시 시선을 놓쳐도 무던하게 자라 어느새 훌쩍 커 있는 모습을 발견하게 돼요. 사계절 성장의 변화가 없는 듯해도 자세히 들여다보면 조금씩 자라나고 있음을 느낄 수 있죠.

선인장은 물이 부족한 척박한 환경에서 자라왔기에 그런 환경에 적응하느라 비대한 몸을 갖고 있습니다. 어떻게든 수분을 더 많이 저장해야 비가 오지 않는 긴긴 날을 버티며 살아갈 수 있었을 테니까요. 이렇게 얘기하니 괜히 짠하게 느껴지네요. 선인장은 자생지의 환경적 특성 때문에 물을 자주 주지 말라고 하는 겁니다. 다육식물도 마찬가지고요. 이러한 특징을 알지 못하는 초보 가드너라면 물을 주는 게 관심이라 여기며 오늘도 조금, 내일도 조금 흙을 적시며 이들을 힘겹게 하겠죠. 반대로 물을 좋아하지 않는다는 걸 알고는 아예 물 주기를 잊어버려 바짝 말려 죽이는 경우도 허다합니다.

보통 처음 식물을 키울 때 선인장을 많이들 추천하곤 하는데요. 저는 오히려 첫 식물로는 권하지 않고 있어요. 변화가 느린 편이라 가드닝의 즐거움을 느끼기엔 적절하지 않다고 생각해요. 초기에는 되려 변화와 성장이 빠른 식물로 흥미를 느껴보는 것이 좋습니다. 스투키나 선인장을 첫 식물로 키워보고는 잘 자라지 않으니 자신을 '똥손'이라며 자책하는 분들을 많이 만나보았는데요. 키우기 쉬운 식물을 죽이고 나면 더 주눅이 들 수 있습니다. '스투키 죽였으면 말 다 했다'라는 이야기가 있을 정도니 아마 앞으로 식물을 키우는데 겁이 나는 게 당연하겠죠(스투키는 저도 여러 번 죽였으니 용기를 내세요). 물을 자주 주지 않아도 된다는 편리성 때문에 이들을 선택하면 물 주기 타이밍에 대한 감을 잡기도 어려울 수 있습니다. '물은 한 달에 한 번만 주면 돼'라고 공식화해 생각하기보다는 한 달에 한 번 혹은 그 이상의 기간을 기다렸다 주는 물이 얼마나 소중할지, 왜 이렇게 긴 시간 물을 주지 않아도 되는지에 대해 좀 더 관심을 갖고 생각해 보자는 말을 건네고 싶습니다.

선인장이 처음이라면 가시가 없는 종류로 시작해 보기를 추천합니다. 가시가 있더라도 부분부분 있거나 손으로 만질 수 있는 범위가 남아 있는 수준에서의 가시 선인장을 선택하세요. 선인장을 포함한 다육식물은 체내에 수분이 충분할 경우엔 단단하고 팽팽하며, 부족할 경우엔 몰캉해지거나 주름이 생기는 특징을 보이는데 만져볼 수 있으면 더 명확한 판단이 가능하겠죠. 가시가 무성한 선인장은 육안으로는 물이 필요한 시기를 알아채기가 정말 힘듭니다. 거의 말라비틀어져갈 때쯤에야 알아챌 수 있달까요. 만져볼 수 없기에 더욱이 물을 과하게 주는 실수도 하게 될 거예요. 여러 선인장을 키워보니 가시가 무성할수록 직사광에 필수로 노출되어야 하고, 가시가 없을수록 간접광에서도 잘 자라는 경험을 했습니다. 때문에 가시가 적은 선인장은 실내에서 좀 더 키우기 쉽다는 장점도 있어요. 특히, 립살리스류는 나무 아래서 자라던 식물이라 직사광에 오랜 시간 노출될 경우 수분 증발이 너무 빨리 일어나 몸체가 물컹해지고 해를 입을 수 있다는 것을 알아두세요.

늘 씩씩하고 무던한 듯 보이는 선인장도 힘들 때가 있습니다. 표현을 덜한다고 해서 너무 무관심한 태도로는 대하지 말아 주세요. 나름 섬세한 면도 갖고 있으니 우리 조금 더 애정 어린 마음으로 선인장을 바라보아요.

선인장 키우기

선인장은 다른 식물보다 성장기와 휴면기가 분명하게 나뉩니다. 낮과 밤의 기온차를 느낄 수 있는 계절에 잘 성장하는 편이라 봄과 가을에 성장이 왕성하고 밤 시간에도 여전히 뜨거운 여름에는 성장이 더딥니다. 선선한 가을이 오기를 기다리며 견디는 시간이라고 볼 수 있죠. 그럼 겨울은 어떨까요? 따뜻함을 느낄 새 없고 추위만 이어지니 뿌리는 움츠러들 수밖에 없습니다. 뿌리가 활동을 하지 않는 휴면의 시간으로 들어서기에 장시간 단수를 해도 됩니다.

- **봄, 가을** : 한 달에 한 번 꾸준히 관수하면 좋습니다.
- **여름** : 한 달 이상 지켜보며 성장 상태를 확인한 후 간헐적으로 관수합니다. 특히 장마철엔 과습을 유의해야 합니다.
- **겨울** : 선인장의 종류나 전체적인 사이즈에 따라 두 달 이상 단수해도 괜찮습니다.

예외로 립살리스류는 선인장 중에서 물을 좋아하는 편에 속하기 때문에 항상 몸체를 만져가며 상태를 세심히 확인한 후 관수하도록 합니다.

관리가 어려워진 다육식물, 선인장 수경재배하기

제가 알고 있기로는 대부분의 다육식물과 선인장은 물에서 잘 자랍니다. 관리가 어려워졌다면 물로 옮겨보세요. 건조한 환경에서 살아왔기 때문에 과습에 주의해야 한다고 했는데 물에 아예 잠긴 채로도 살아갈 수 있다는 건 대체 어떤 원리 때문일까요? 그렇다면 흙에서 키울 때도 물을 자주 줘도 되는 게 아닌가 하고 혼란스러울 거예요. 원리는 생각보다 간단합니다. 바로 '미생물' 때문인데요. 식물의 뿌리는 미생물에 의해 활동합니다. 물속에는 미생물이 존재하지 않아 뿌리 활동이 흙보다 현저히 적으니 수경으로 키우는 대부분의 식물들은 성장이 느립니다. 물이 필요한 시점에만 뿌리가 수분을 섭취한다고 예측할 수 있습니다. 아주 정확한 근거가 있는 사실은 아니지만 소소한 팁이라고 생각하고 상태가 안 좋아진 식물에 한해 더 이상 해줄 수 있는 게 없을 때 시도해 보세요.

- 피쉬본 선인장(립살리스 쇼우). 직사광을 피한 밝은 곳에 위치시키며, 겨울철에도 수시로 상태를 체크해 물을 줘야 한다.

- 청하각. 기둥처럼 기다랗게 뻗은 선인장들을 '기둥 선인장'이라고 표현한다(백운각, 암석주, 청하각 등). 이들은 기본적으로 굵직한 몸체를 갖고 있어 청기린, 청산호, 피쉬본 선인장보다는 물 주기가 길다. 또한 크기에 따라 차이가 있지만 겨울철 휴면기에 들어서면 두 달 이상 단수하며 키우기도 한다.

- 백년초. 마디마디 연결 부위가 약해 잘 부러지는 것이 특징. 앞서 소개한 기둥 선인장보다는 수분 요구도가 높다. 제주에서는 길거리에서도 쉽게 만날 수 있는 선인장이다.

자연을 형상화하는 작업 1

바이텍스

사진 속 화분은 제주에 방문했을 때 클래스에서 사용하느라 구입한 것입니다. 무게가 엄청났는데도 기어코 서울까지 가져올 만큼 마음에 쏙 들었답니다. 힘들게 들고 왔기에 어떤 식물을 심어야 어울릴까 며칠 내내 고민을 했어요. 제주에 지내는 동안 가능한 실내가 아닌 자연에 머무르려 했고, 제주라는 지역에서 자라는 식물을 최대한 많이 보려 했기에 그 과정에서 얻은 영감을 표현하고 싶었어요. 7월의 푸르렀던 제주의 색감, 그곳에서 온전히 쉬었던 내 마음을 담기로 했답니다.

식물은 바이텍스라는 작은 묘목으로 골라 긴 여정 동안 기대어 쉬었던 나무 그늘을 표현했습니다. 푸르렀던 드넓은 목초지는 비단 이끼로, 잔잔한 제주 바다의 분위기는 검은 화산석으로 표현해 보았어요. 평소 식물을 식재할 때 특별한 경우가 아니고서야 마감석과 이끼는 잘 사용하지 않는 편이지만 자연의 모습을 담고 싶을 땐 종종 사용하곤 해요. 3가지 요소가 잘 어우러져 제 머릿속에 담아온 제주의 풍경이 표현된 것 같아 꽤 만족스러웠답니다.

사진을 보면 바이텍스가 정중앙이 아닌 왼쪽에 치우쳐 있는 것을 볼 수 있는데요. 이렇게 식물이 성장하고 있는 방향, 잎의 각도 등을 고려해 앞, 뒤, 옆 한 편에 치우쳐 식재를 하게 되면 식물이 주는 여백을 느낄 수 있습니다. 만약 바이텍스를 정중앙이나 오른쪽에 위치하도록 식재했다면 식물체가 과도하게 화분 밖으로 벗어나 왼쪽에 과도한 여백감이 느껴져 밸런스가 맞지 않는다는 느낌이 들었을 것 같아요.

식물에 관심이 깊어졌다면 화분에 담긴 식물만을 보지 말고 자연 속 식물과 풍경을 더 섬세하게 관찰해 보세요. 그 과정에서 얻은 영감을 표현하기 위해 식물과 화분을 고심하며 골라보는 즐거움도 느껴보길 바랍니다.

바이텍스 키우기

초여름경 보라색 꽃을 피워 벌과 나비에게 양분을 공급해 줍니다. 잎과 줄기, 뿌리까지 약용으로 쓰이는 귀한 식물이에요. 양지, 반양지에서 모두 생육 가능하며 물을 좋아하지만 통풍과 배수가 잘되는 환경에서 키워야 합니다. 이끼와 함께 심을 경우 이끼가 마르지 않도록 수시로 분무해 주세요.

자연을 형상화하는 작업 2
춘란

하나의 멋진 오브제처럼 보이는 이 식물은 춘란입니다. 유리볼에 비단이끼와 화산석으로 굴곡 있는 초원을 표현하고, 러프한 느낌의 춘란을 무심하게 올려보았어요. 이끼로 뿌리를 감싸 키울 수 있는 춘란의 특성을 활용해 정제되지 않은 풍경을 표현해 본 것이지요. 이끼는 자연을 형상화할 때 유용한 재료인데요. 쉽게 부스러지는 성질 때문에 잘못 사용하면 지저분한 느낌이 강할 수 있으니 주의해야 해요. 덩어리감을 잘 유지하고, 핀셋을 사용해 정교하게 위치를 고정하는 것이 중요하답니다. 한 땀 한 땀 바느질하듯 세심하게 이끼를 매만지다 보면 시간이 훌쩍 지나 있어요. 젖은 이끼 때문에 손은 부르트고 지저분한 것들이 덕지덕지 붙어 찝찝할 만도 하지만 집중하다 보면 그런 것 따위 느낄 새도 없답니다. 그저 고요한 시간이 행복하게만 느껴져요. 만약 무언가에 몰두하고 싶다면 유리볼과 비단이끼, 춘란을 준비해 자연을 담아보세요. 식물은 그 자체로 충분한 오브제가 되어 주기도 합니다.

> **춘란 키우기**
> 이끼류는 습기를 좋아하며, 춘란 역시 일정 수준 이상의 습도가 갖춰져야 꽃을 피우는 특징이 있습니다. 때문에 둘을 함께 키울 때는 수분이 마르지 않도록 꾸준히 분무하며 관리해야 합니다. 혹 이끼로 감싼 춘란이 과하게 말랐을 때는 흐르는 물에 대고 있거나 물에 담가 충분히 수분을 흡수할 수 있도록 해준 뒤 다시 유리볼에 얹어주면 건강하게 관리할 수 있어요.

• 자연 이끼석과 좀눈향, 그리고 학자스민의 흐드러진 한 줄기 선

자연을 형상화하는 작업 3

이끼석과 좀눈향

자연의 러프한 모습을 묘사하는 것을 좋아합니다. 사진 속 식물은 마치 돌에 붙어 자라는 것처럼 보이지만 실제로는 작은 화분에 담긴 좀눈향이라는 식물을 자연 이끼석 옆에 딱 붙여 둔 상태예요. 단독으로 있을 땐 눈에 띄지 않던 작은 좀눈향을 이끼석 곁에 두니 마치 암벽에서 자라는 나무 같기도 하며 감상 효과가 도드라지더라고요. 한 줄기 흘러내린 가녀린 선은 학자스민의 일부입니다. 흐드러지며 자라기에 자연스럽게 옆에 두었더니 하나의 멋진 작품처럼 느껴지더군요. 하얀 꽃이 피면 생기도 더해질 것 같습니다.

이처럼 어울리는 식물과 자연물을 함께 두는 것만으로 근사한 분위기를 낼 수 있답니다.

좀눈향 키우기
측백나무과 식물로 추위에 강해 야외 정원수로 많이 쓰이는 특징이 있습니다. 직사광 혹은 반양지에서도 무난하게 키울 수 있습니다.

왼쪽 위 황호접, 왼쪽 아래 학자스민, 오른쪽 위 노란찔레, 오른쪽 아래 무늬조팝

자연을 형상화하는 작업 4

초봄의 들판

노란찔레, 무늬조팝, 학자스민, 황호접. 라인감이 도드라지는 4가지 식물을 활용해 한 수강생분이 표현한 초봄의 들판입니다. 각각의 여리여리한 줄기들이 선을 이뤄 봄을 표현하는 데 한몫씩 하고 있는 모습이에요. 바닥에 놓인 나무판자는 들판의 길을, 오른쪽 아래 검은색 화산석은 산책길에 만난 크고 작은 돌들을 형상화한 것입니다.

가드닝 클래스 취미 과정 4회차에는 각자의 취향으로 고른 식물들로 무언가를 연출해 보는 시간을 갖습니다. 주제를 명확히 정하고 시작해도, 자유롭게 손길 닿는 대로 표현해도 무방하다는 말을 전해요. 이 수업은 식물들이 가지고 있는 고유의 아름다움을 최대한 느끼고 부각시켜보며 식물에 대해 좀 더 확장된 시야를 갖게 하는데 목적을 두고 있습니다. 차분하거나 경쾌하게, 여러 분위기를 연출하며 자연과 더 깊이 친해져 보는 시간이에요. 평소 자주 쓰지 않던 감각을 건드리는 과정이라 처음엔 다들 어색해 하다가도 어느새 서로의 손끝과 움직임을 조용히 살펴보며 집중합니다. 한 명이 연출을 해 나가기 시작하면 나머지 구성원은 나란히 앉아 그 과정을 찬찬히 들여다보는 식으로 진행하는데요. 관찰자가 된 구성원들은 의도를 짐작해 보고 마음을 헤아려보는 시간을 갖곤 하죠. 식물을 모두 배치한 후에는 연출자가 작품 의도를 전하는데, 꿈보다 해몽이라고 가끔 관찰자 시점의 해설이 재밌을 때가 있기도 합니다. 한 달간 눈을 맞추며 같은 것에 집중하고 마음을 나눠서인지 대화를 할수록 이야기 꽃이 풍성해진답니다. 모두 돌아간 뒤 식물들을 보고 있자면 그 속에 담긴 그들의 이야기와 환하게 웃기도, 때로는 글썽거리기도 했던 얼굴이 선명히 떠오릅니다.

● 소품과 함께 세팅한 노란찔레

| 개화 식물 키우기

개화 식물은 일반 식물에 비해 물도 빛도 더 많이 필요로 합니다. 따라서 실내에서 가장 밝은 곳에 위치시키며, 건조하지 않게 흙을 잘 살펴야 해요. 베란다나 실외에 둘 수 있는 환경이라면 가끔씩 따사로운 햇빛을 충분히 받을 수 있도록 내놓아 주세요.

● 황호접(오른쪽)

● 무늬조팝

미안한 식물

고려담쟁이

짙은 초록빛 잎에 잎맥을 따라 선명한 하얀 무늬가 독특해 시선이 갔던 아이. 기다랗게 늘어지는 줄기와 잎들이 '과연 어디까지 자라날까', '너무 많이 자라면 어쩌지' 하고 걱정을 품었던 게 이 녀석과의 첫 만남이었습니다. 담쟁이는 골목길 담벼락을 무성하게 뒤덮고 있는, 우리가 길을 거닐며 무심코 지나쳐 보던 그 식물이 맞습니다. 자연에 놓여 여럿이 함께 있을 때만의 멋도 있지만 담쟁이는 왠지 단독으로 눈여겨볼 때 훨씬 아름답다는 걸 느낍니다. 늘어지는 줄기 곳곳에 난 별 모양의 크고 작은 잎들을 가만히 앉아 보고 있자면 오묘한 매력에 빠져들곤 해요. 멀리서 볼 때는 가녀린 줄기 때문에 연약한 느낌이 드는데 가까이서 보면 강인함을 품은 듯한 느낌이 들어요. 선명한 빛깔을 띤 매끈한 잎이 건강한 기운을 전해주지요.

아름다운 매력에 빠져 지내던 것도 잠시 물을 주기 위해 선반에 올려둔 담쟁이를 내리려던 찰나 기다랗게 늘어뜨린 줄기 끝을 밟아 버렸어요. 온몸이 굳은 채로 정적이 이어졌습니다. 밟는 순간 '투둑-'하고 끝쪽 줄기가 끊어져 버린 것을 바로 느낄 수 있었거든요. 담쟁이처럼 덩굴을 이루며 자라는 식물은 끝선이 가장 아름다운 법인데… 억장이 무너지는 것 같았습니다. 하늘로 두 팔을 뻗어 화분을 높이 들었을 때 발에 치일 정도로 길게 자랐던 이 녀석은 다른 몇 줄기마저 늘 분주하게 움직이는 제 발걸음에 밟혀 끊어져 나갔습니다.

결국 단발이 되어버렸지요. '차분한 성격의 소유자가 키웠다면 멋진 줄기를 뽐내고 있었을 텐데' 담쟁이를 보고 있으면 괜히 미안한 마음이 듭니다.

생육 환경이 적절하면 별 신경을 써주지 않아도 잘 자라는 강인한 식물이 많습니다. 하지만 아무리 잘 자란다고 해도 성장과는 별개로 얇은 잎, 가는 줄기를 지닌 식물은 작은 힘에 부러지고 찢어집니다. 새잎을 펼치면서 자연스럽게 찢어지는 경우도 있고요. 식물은 강인한 면도 갖고 있지만 우리가 생각하는 것보다 참 섬세하다는 걸 느낍니다. 건강해 보이는 식물이라도 늘 세심한 손길로 다뤄야겠다는 생각을 합니다.

고려담쟁이 키우기
백두산 인근이 원산지로 넝쿨을 이루며 성장합니다. 햇빛과 물을 좋아하고 추위에 강한 편이에요. 빛이 잘 들고 통풍이 잘되는 베란다에서 키우는 걸 추천하며, 흙 표면이 마르면 물을 충분히 주고 건조한 날씨에는 분무를 자주 해 줘야 합니다. 여름에는 짙은 초록빛을 띠고 가을에는 붉게 물드는 특징이 있습니다.

식물의 자리 1
황칠나무

사진 한 장을 건네받으며 "이 위치에 어울리는 식물을 추천해 주세요" 하는 요청을 종종 받습니다. 사진만으로 전체적인 공간 분위기를 파악하는 게 쉽지 않지만 주로 벽지, 함께 배치될 가구들의 무드를 살피며 식물을 떠올려봐요. 왼쪽에 소개한 사진은 식물 추천을 요청하는 고객님에게 어울리는 식물을 보내드린 후 건네받은 사진이에요. 공간을 처음 봤을 때 들었던 생각은 천장이 나무로 되어있어 전체적으로 꽉 차 보인다는 느낌을 받았어요. 천장, 바닥, 가구 톤 때문에 따뜻한 느낌도 들었고요. 이런 곳에 키가 크고 잎이 풍성한 식물을 놓으면 천고가 더 낮아 보이고 답답한 느낌이 들 것 같아 라인감이 도드라져 여백을 느낄 수 있는 황칠나무를 추천했습니다. 가구나 소품이 많지 않은 곳이라 휑해 보이지 않도록 외대가 아닌 세 줄기로 뻗어 난 황칠나무를 선택했어요. 당시 제가 아끼던 식물이었지만 공간 사진을 보자마자 황칠나무가 자리 잡은 모습이 자연스레 그려졌는데, 아니나 다를까 연출된 사진을 보고서는 너무 잘 어울려서 원래 그곳에 있던 식물 같다는 표현을 했답니다. 인테리어 목적만으로 식물을 키우는 건 지양해야 하지만, 적절한 식물 연출은 공간을 풍성하게 해 눈을 즐겁게 합니다.

황칠나무 키우기
물이 필요할 때 티가 많이 나는 식물입니다. 흙을 손가락으로 찔렀을 때 한두 마디 보슬보슬하게 마르고 잎 각도가 처졌다면 물을 주기 적절한 타이밍입니다. 대부분의 실내 환경에서 잘 자라며 관리 난이도가 낮은 편입니다.

식물의 자리 2

공중식물과 수경식물

"관리가 쉽고 공간 무드에 어울릴 식물을 추천해 주세요."

관리가 쉬우면서 인테리어 효과도 낼 수 있는 식물을 추천해 달란 질문에 어떤 것들이 있을까 고민해 보다가 흙보다는 물 주기에서 자유로울 수 있는 공중식물과 수경식물이 적당하겠다 하고 떠올랐어요.

공중식물의 대표격인 틸란드시아는 흙 속에 뿌리내려 살지 않고 나무나 돌에 달라붙어 살아가는 착생식물입니다. 뿌리가 수분 흡수를 하긴 하지만 잎에 붙어 있는 솜털(트리콤)을 이용해 공기 중에 떠다니는 먼지 속 유기물과 수분을 흡수해 살아가는 것이 특징이에요. 때문에 주기적으로 물에 담가 뿌리가 물을 흡수하게 해 주면서, 잎에 분무를 해 공중 습도를 올려주는 것이 중요합니다. 틸란드시아는 공중에 매달거나 유리병에 담아 테라리움 형태로 키우는 경우가 많아요. 저는 긴 잎이 매력적인 틸란드시아 준세아를 마른 이끼와 함께 긴 유리병에 넣어 마치 산호초 같은 느낌으로 연출하는 것을 좋아합니다.

• 틸란드시아 물 주는 방법

물을 좋아하는 식물은 수경으로 키우는 것도 추천해요. 특히 여름철 투명한 유리볼에 담은 수경식물을 공간에 두면 시원한 분위기를 느낄 수 있습니다. 천연 가습 효과도 있고요. 가장 추천하는 수경식물은 워터코인과 필레아페페입니다. 넓적한 유리볼에 동글동글한 에그스톤과 함께 담아 연출하면 마치 개구리들이 뛰놀 것 같은 연못이 연상돼요. 장난스러운 모습이 공간에 활기를 더해준답니다.

● 워터코인

● 필레아페페

틸란드시아 키우기

파인애플과에 속하는 식물이라 잎이 겹겹이 나는 것이 특징이에요. 잎 사이사이에 수분이 고여 있는 것을 힘들어하기 때문에 대략 열흘에 한 번 정도 물에 푹 담가 관수를 해주고 물기를 충분히 털어준 뒤 꼭 뒤집어 말려야 합니다. 척박한 환경에서 자라왔기 때문에 수분감이 너무 오래가지 않도록 물을 준 직후에는 바람이 잘 통하는 곳에 두어야 해요. 이 과정을 거치지 않으면 밑동이 썩어 뿌리가 제 역할을 하지 못하게 돼 결국 죽을 확률이 높아져요. 흔히 알려진 수염 틸란드시아도 마찬가지로 물기를 잘 털어가며 관리해야 합니다.

수경식물 키우기

수경식물을 키울 때 물을 매일 갈아줄 필요는 없습니다. 식물이 흡수하거나 증발되어 줄어든 물의 양만큼만 채워주면 돼요. 지저분한 먼지가 눈에 띄게 떠오르거나 완벽히 털어내지 않은 뿌리의 흙에 의해 물 색이 누렇게 변하는 경우라면 물을 반만 버리고, 나머지 반만 새로운 물로 채워줍니다. 적응해 살아가고 있는 기존 환경을 어느 정도 유지시켜 주는 거죠.

그리고 뿌리가 두꺼울수록 물속에서 적응을 잘하니 뿌리가 너무 얇은 식물은 수경재배를 시도하지 않기를 권합니다. 실제 테스트를 해본 결과 대체로 얇은 뿌리를 가진 고사리과 식물은 물속에서 잘 자리 잡지 못했습니다.

직사광에 오랜 시간 노출된 고인 물은 썩기 마련입니다. 냄새가 나는 것은 물론 녹조현상이 일어나 초록색의 물때가 낍니다. 이는 물속의 산소를 빼앗아가 수경식물의 뿌리 호흡을 막습니다. 때문에 반그늘에서 키우기를 추천하고, 수경식물들도 영양분이 필요하니 139쪽에서 추천한 하이포넥스 액체 비료를 한두 방울 떨어뜨려 키우면 도움이 됩니다(많은 양을 넣는 건 되려 뿌리를 상하게 하니 양 조절을 해 주세요). 한 가지 팁을 더 전하면 수경에 맥반석을 넣어두면 수질 개선에 도움이 되니 참고하세요.

● 수경으로 키우기 좋은 식물들. 슈가바인, 아글레오네마 스노우 사파이어, 준쿠스(스프링 골풀)

잔잔한 꽃을 좋아하는 한결같은 취향 1

학자스민

봄을 알리는 학자스민. 추위가 지나고 따스함이 찾아올 즈음이면 농원에 하나 둘 얼굴을 비추기 시작합니다. 한철 인기를 누리고는 이듬해 봄까지 자취를 감춰 버리기에 더 귀하고 반갑게 느껴지는 식물이에요. 작업실로 데려와 한 해 키우고 보니 1월부터 작은 꽃망울이 맺히다가 3월이 되면 팝콘 터지듯 하얀색 꽃을 피우더군요. 다른 꽃들에 비해 향이 월등히 멀리 퍼지는 편이라 온 공간을 향기로 뒤덮곤 합니다. 향이 강해 호불호가 있을 수 있어요. 4월 중순으로 접어들면 하루가 다르게 꽃이 저뭅니다. 꽃들이 다 떨어지고 나면 짧은 봄이 지나가는 것 같아 아쉬움이 남지만 내년 봄 다시 꽃피울 그날까지 잘 보살펴야겠단 결의를 다지기도 합니다.

학자스민 키우기

꽃을 피워내는 식물 치고 물을 딱히 좋아하지 않아요. 흙을 손가락으로 찔러보았을 때 한두 마디 이상 보슬보슬하게 말랐을 때 물을 주는 것이 좋습니다. 부드럽고 밝은 햇빛을 쬐어 주면서 공중 습도는 적당히 올려주세요. 너무 건조하면 꽃이 잘 피지 않습니다. 꽃잎이 마르면 우수수 떨어지니 한 번씩 시든 꽃을 떼어내면 깔끔하게 관리할 수 있습니다.

잔잔한 꽃을 좋아하는 한결같은 취향 2

개나리 자스민

학자스민과 비슷한 생김새를 띠고 있으면서 연노란색의 꽃을 피워내는 개나리 자스민. 초록의 잎들 사이로 빼꼼히 올라온 작은 꽃의 모습이 얼마나 귀여운지 자꾸만 시선이 머뭅니다. 여리여리한 줄기는 이리저리 엉키며 덩굴을 이루느라 정신이 없습니다. 방황하는 듯한 개나리 자스민 줄기를 한번씩 깔끔하게 다듬어 주고 나면 괜히 속이 시원하기도 해요. 낭창낭창한 끝 선이 매력적인 식물이지만 여리디 여리니 부러지지 않도록 늘 주의해야 합니다. 은근 손이 많이 가지만 그만큼 시선을 사로잡으며 행복을 전해주기에 좋아할 수밖에 없는 친구입니다.

개나리 자스민 키우기
개나리 자스민은 학자스민과 다르게 물을 좋아하는 편이에요. 겉흙이 전체적으로 마를 때쯤 물을 충분히 주고 평소 밝은 곳에서 관리해 주세요.

잔잔한 꽃을 좋아하는 한결같은 취향 3

마다가스카르 자스민

키우기 시작한 첫해 여름, 기다랗게 늘어진 넝쿨 줄기를 따라 하얀 꽃망울이 우수수 터지기 시작했습니다. 꽃을 피우는 모습이 신기해 한참을 그대로 바라보다가, 풍겨오는 향이 좋아서 계속 코를 갖다 대던 기억이 납니다. 찌릿한 학자스민의 강한 향에 비해 마다가스카르 자스민은 부담 없이 은은한 향을 내기에 더 마음이 갔어요. 작업실 문을 열고 들어갈 때마다 공간에 기분 좋게 퍼지는 향기 덕분에 그해 8월은 매우 더웠지만 미소를 머금으며 하루를 시작할 수 있었답니다. 하지만 이어 찾아온 겨울이 너무 추웠던 걸까요. 나름 따뜻하게 관리해 준다고 노력했는데도 겨울이 지난 후 성장이 멈춰버린 듯 자라지 않더군요. 꽃 역시 피지 않고요. 어디서부터 잘못됐을까 속상한 마음이 크지만 올봄이 가기 전에 분갈이를 해 주고 다시 한번 보살펴 보려고 합니다. 키우기 어렵다는 건 익히 알고 있었지만 생각보다 더 어렵게 느껴지는 식물이에요. 그래도 포기는 하지 않을 겁니다. 다시금 기분 좋은 향기가 공간에 퍼지길 바라봅니다.

마다가스카르 자스민 키우기
둥근 잎과 긴 줄기, 하얀 꽃이 매력적인 덩굴식물로 '덩굴 자스민', '넝쿨 자스민'이라고도 불립니다. 늘어지게 키워도 되지만, 위를 향해 자라도록 키우는 것도 멋스럽습니다. 사다리 선반이나 벽에 원예용 철사, 테이프 등으로 줄기를 느슨하게 고정해서 키우면 됩니다. 과습과 통풍에 민감하기에 바람이 잘 통하는 곳에 둬야 하고, 햇빛을 적당히 쬐어줘야 예쁜 꽃을 피웁니다.

잔잔한 꽃을 좋아하는 한결같은 취향 4

접란

감상 기간이 짧디짧은 접란의 새하얀 꽃. 초록의 무성한 잎에 한두 줄기 올라온 꽃대가 우아함을 더합니다. 기다란 꽃대를 따라 올망졸망 터지듯 피는 꽃의 느낌은 더욱이 사랑스럽습니다.

'나비란'이라고도 불리는 이 식물은 이름만 보면 난과 식물일 것 같지만 난을 닮아 '접란'이라 불리는 관엽식물이에요. 자랄 때 식물체에서 긴 줄기를 뻗고 그 끝에 새 잎을 내며 번식하는데 이렇게 잎을 내는 모습이 나비를 닮았다 하여 나비란이라는 이름이 붙여졌답니다. 자칫 할아버지의 식물로 느껴  질 만큼 중후한 분위기를 풍기지만 어떤 화분을 만나느냐에 따라 다양하게 연출해 볼 수 있습니다. 저는 오히려 그런 멋을 더 살려주기 위해 도자기 화분을 선택해 식재해 주었어요. 파란색 화분과 초록색 잎, 흰색 꽃이 대비를 이뤄 우아한 멋이 살아나 시선이 갑니다.

접란 키우기

두꺼운 알뿌리를 가지고 있어 뿌리는 건조에 강한 편이지만 공중 습도가 높은 것을 좋아해 수시로 분무를 해 줘야 합니다. 대기가 건조하면 잎끝이 누렇게 되면서 마르기 쉬워요. 자구 번식을 잘하는 식물로 옆으로 삐죽 나온 런너(runner: 길게 뻗은 꽃대)가 적당히 커졌다면 잘라내 수경재배로 뿌리를 내려 보세요. 뿌리가 충분히 자라면 흙에 옮겨 심어도 좋습니다.

잔잔한 꽃을 좋아하는 한결같은 취향 5
다정큼나무

햇빛 샤워하라고 길가에 놓아두면 지나는 이들의 시선을 한 몸에 받는 다정큼나무. 분홍색 잔잔한 꽃을 한참 바라보다가 가는 분들도, 이름이 뭔지 물어보는 분들도 참 많아요. 다정큼나무는 다른 개화 식물에 비해 좀 더 늦게, 꽃샘추위마저 사라진 완연한 봄이 돼서야 꽃을 피우는 식물입니다. 그러고는 꽤나 긴 시간 동안 꽃을 보여주어요. 연분홍의 꽃잎은 바람 불면 날아갈까 싶을 만큼 연약한 듯 보이지만 제가 키우는 다정큼나무는 꽃이 지기 전까지 하나의 꽃잎도 떨구지 않을 정도로 강했어요. 여리여리한 모습 속에 강인함을 품고 있는, '외유내강'이라는 단어가 잘 어울리는 녀석입니다.

다정큼나무 키우기
분홍 백화등, 쪽나무라고도 불리며 봄철에는 연분홍색 꽃을 피우고 가을에는 검은빛 열매를 맺는 식물입니다. 해안가 조경수로 쓰이기도 하며 해풍을 맞아도 끄떡없는 강인한 나무로 알려져 있어요. 야생화이기 때문에 밝은 빛이 들고, 통풍에 신경 쓰며 물은 겉흙이 마르면 흠뻑 줍니다. 추위에 약하므로 겨울에는 실내로 들여주세요.

다정큼나무 수형 잡기
왼쪽 사진 속 다정큼나무는 일부러 한쪽 방향으로 철사를 감아 수형을 잡아준 모습입니다. 관상 가치를 높이기 위한 목적도 있지만 줄기와 잎이 뭉치지 않게 뻗어 성장에 지장이 없도록, 골고루 빛을 받고 사이사이 바람이 잘 통하도록 하기 위함입니다. 철사 감기는 힘 조절이 중요해요. 과도한 욕심을 내면 안 되는 작업입니다. 너무 오랜 시간 철사를 감아 두면 가지 사이로 철사가 파고들어 식물에 상처를 입힐 수 있으니 적당히 풀어주는 시간도 꼭 필요합니다.

물을 좋아하지 않는 양치식물

박쥐란

박쥐란은 양치식물이라 물을 좋아하고 음지 환경을 즐길 거라 생각하는 경우가 많습니다. 하지만 물을 좋아하지 않아요. 물도 안 좋아하면서 양치식물, 고사리과로 분류되는 이유는 번식을 포자로 하기 때문입니다. 이처럼 식물들은 같은 과 안에서도 세세하게 분류되곤 합니다. 박쥐란의 구조를 잘 살펴보면 굉장히 두꺼운 잎에, 선명한 잎맥을 가지고 있어요. 이는 물을 좋아하지 않는다는 뜻입니다. 양치식물의 기본 특성대로 대기 습도가 높은 환경을 선호하긴 합니다(적정 습도 50% 이상). 결론적으로 흙 속은 건조하게, 대기습도는 높게, 공중 분무를 열심히 하며 키웠을 때 잘 자라는 식물인 거죠.

박쥐란은 죽도석곡(164쪽)처럼 어딘가에 기생해 자라는 착생식물입니다. 자연에서는 바위나 이끼, 나무 등에 붙어 자라며, 물은 공기 중에 포함된 수분을 흡수하거나 착생하는 물체로부터 얻습니다. 자생지인 호주에서는 나무에 붙어 자라는 박쥐란을 볼 수 있어요.

박쥐란은 생식엽과 영양엽 두 종류의 잎이 함께 자라는 식물입니다. 영양엽은 뿌리 주변을 감싸는 형태로 겹겹이 쌓인 잎을 가리킵니다. 초록색 잎이 한 겹 나왔다가 갈색으로 마르고, 그 위에 또 초록색의 잎이 나오는 것이 반복되며 성장하죠. 이 과정에서 영양엽은 자연스럽게 분해되고, 식물에 영양분을 공급하는 역할을 해요. 하지만 이런 특성은 찾아보지 않는 한 모르는 경우가 더 많아 '마른 잎은 떼어주라고 했었지' 하고 영양엽을 모두 떼어 내는 분들을 여럿 봤습니다. 둥근 모양의 영양엽은 착생에 도움을 주고 수분 유지 기능을 돕는 역할을 하니 떼어 내서는 안 된다는 것을 기억해 주세요. 생식엽은 사슴뿔 모양으로 곧게 뻗은 잎을 가리킵니다. 번식을 담당하는 포자가 잎 뒷면에 달려 있어요. 그리고 잎 표면을 자세히 들여다보면 흰색 솜털로 덮여 있는데요. 간혹 이를 먼지로 착각하고 깨끗이 닦아내는 경우가 있는데 이 솜털은 과도한 수분 증발을 막고 습도를 조절하는 기능을 하기 때문에 닦이지 않도록 주의하며 키워야 합니다. 작업실에도 박쥐란이 있는데, 어느 날 한 손님이 "식물에 먼지가 뽀얗게 앉았네요. 관리를 좀 해야겠어요~"라는 말을 해서 순간 당황한 적이 있어요. 어떤 식물인가 하고 보니 박쥐란인 거예요! 이어 박쥐란의 특징을 설명해 드리며 웃고 넘어간 에피소드가 있습니다.

● 나무에 기생해 사는 박쥐란

수형이 천차만별이며, 사방팔방 잎이 나는 독특한 매력 때문에 박쥐란도 애정하는 식물들 중 하나로 손꼽아요. 독특한 구조를 가진 식물을 만났을 때 어떤 이유로 이런 모양을 띠게 되었는지 찾아보면 좀 더 즐거운 식물 생활을 할 수 있을 거예요. 식물 각각의 생김새에는 모두 이유가 있답니다.

박쥐란 키우기

박쥐란은 은은한 빛을 좋아합니다. 직사광을 받으면 잎이 검게 탈 수 있으니 한여름에는 특히 조심해야 해요. 또한 여름철 에어컨 바람, 겨울철 히터 바람이 닿는 곳은 철저히 피해야 합니다. 건조하거나 찬 바람이 직접 닿으면 잎 끝이 노랗게 변할 수 있어요.

물은 잎이 처지거나 잎 전체에 탄력이 떨어졌을 때, 박쥐란을 감싼 수태가 바싹 말라 화분 무게가 확연히 가벼워졌을 때 줍니다. 잎을 살짝 접어 눌러보고(세게 누르면 부러지니 주의), 톡 하고 건드렸을 때 회복되는 속도가 느려지는 순간이 물을 주기에 가장 적합한 타이밍입니다. 이때 물의 양은 수태 전체가 충분히 축축해질 정도로 듬뿍 줍니다. 저의 경우 개수대에 화분을 둔 채 물을 계속 틀어두거나 행잉 화분에 식재된 경우 양동이에 물을 받아 담가 두곤 합니다. 이렇게 흠뻑 물을 주고 난 후에는 통풍이 잘되는 곳에 둡니다. 한동안은 잎에만 분무를 해 주며 따로 물 주는 건 잊고 지내요. 공중습도가 높은 것을 좋아하나 흙은 과습되지 않게 늘 주의해야 합니다. 물 주기 횟수는 한 달에 많으면 2번 정도가 적당해요. 온도는 가능하면 20℃ 이상을 유지해 주고, 15℃ 아래로는 내려가지 않도록 신경 써 주세요.

우아함 속의 강인함
아스파라거스 나누스

애정하는 식물 중 하나로 늘 꼽는 '아스파라거스 나누스'를 소개합니다. 우아하게 떨어지는 끝 선이 매력적인 친구예요. 작업실에 항상 한두 개씩은 두고 다양한 수형으로 키워냈던 것 같아요. 일부러 높은 곳에 두어 쏟아 내리는 듯한 수형을 만드는 걸 가장 좋아합니다. 생각보다 줄기가 유연해 수형 잡기가 굉장히 쉽고 재미있는 식물이에요. 여리여리 순해 보이지만 생명력도, 번식력도 강한 편입니다. 적당한 습도만 맞춰주면 키우기 정말 쉬워요. 초보 가드너, 그리고 개업 선물을 찾는 분들에게 추천하고 있어요. 단, 줄기 곳곳에 뾰족한 가시를 품고 있는데 찔리면 많이 아프니 주의하세요!

식물마다 이런저런 식물과 함께 둬야 아름다운 종류가 있고, 단독으로 둬야 멋이 사는 식물이 있습니다. 그중 아스파라거스는 여백이 느껴지는 공간에 단독으로 두어야 존재감이 확실히 사는 식물이라고 생각해요. '인테리어를 위한 식물을 하나만 골라주세요'라고 했을 때, 저는 망설임 없이 아스파라거스 나누스를 선택할 것 같습니다.

아스파라거스 나누스 키우기

아스파라거스 나누스의 생김새는 흡사 고사리과 식물을 닮았습니다. 그런 탓에 어두운 곳에서 물을 자주 주며 키우다 과습으로 떠나보내는 경우가 생각보다 많더라고요. 정확하게는 백합과의 덩굴성 식물입니다. 고사리만큼 물을 좋아하진 않지만, 그렇다고 고무나무나 소철류처럼 물을 안 좋아하는 식물도 아니에요. 흙에 손가락을 깊게 찔렀을 때 두 마디 정도가 말랐을 때가 물을 줄 타이밍이라고 기억하면 됩니다. 꽤나 많이 마른 흙에서도 견딜 수 있어요. 물을 줄 때는 수압 조절이 필요합니다. 너무 강한 수압으로 물을 뿌리면 잎끼리 뭉치고, 뭉친 채로 젖은 잎은 충분한 환기를 해 줘야 겨우 마릅니다. 그러니 가급적 흙 속에만 관수하는 것을 추천해요. 잎에는 분무기를 이용해 따로 수분을 공급해 주세요.

보시다시피 잎이 굉장히 얇고 부슬부슬한 형태로 되어있어서 직사광과 낮은 습도에 약한 식물이라는 것을 예측할 수 있습니다(적정 습도 40~60%). 건조한 환경에서 키운다면 잎에 분무를 열심히 해 주어야 할 거예요. 밝은 곳을 선호하지만 강한 직사광을 쬐면 잎이 마르고 탈 수 있다는 것도 기억해 주세요. 이제는 식물의 형태를 보면 좋아하는 환경이 어느 정도 가늠이 되죠? 그랬으면 좋겠습니다.

화려한 꽃다발보다 수수한

풀다발

평소에 꽃 작업은 왜 안 하냐는 질문을 자주 받는 편인데, 구구절절 이야기할 수 없는 상황이 많아 "꽃은 특별히 좋아하지 않아서요!"라고 답변해 왔어요. 식물을 좋아하면 당연히 꽃도 좋아할 거라고 생각할 수 있지만 저는 흙 속에 뿌리내려 사는 식물이 훨씬 좋더라고요.

곰곰이 생각해 보니 꽃을 안 좋아하는 것까진 아니고, 꽃에 있어선 취향이 좀 더 확고한 편이라 그런 대답을 했던 것 같아요. 제 꽃 취향을 한번 써내려 가자면 '내가 꽃이오' 하는 듯한 화려한 절화보다는 들판에서나 볼법한 수수한 것들을 좋아합니다. '이것도 꽃인가?' 하는 의외의 모습을 띠고 있는 것들을 좋아한달까요. 하찮은 느낌이 들수록 매력을 느끼는 것 같아요.

플로리스트는 아닌지라 자주 제작하진 못하지만 종종 기념할 일이 있거나 공간을 특별하게 연출해야 하는 작업을 맡으면 '풀다발'을 만들곤 합니다. 주로 풀과 가지 소재를 사용하거나 은은한 색감의 꽃 몇 송이만 더해 여러 계절이 섞인 듯한 분위기를 내곤 해요. 봄과 짙은 가을이 함께 느껴지는 듯한 그런 것들 말이죠. 뿌리가 있는 식물을 화분에 심을 때와는 또 다른 기분이 들어 반복되는 일상을 환기시켜 주기도 합니다. 꽃다발이 아니라 풀다발에 가까운 제 취향들을 구경해 보세요!

풀다발 만들 때 자주 사용하는 소재

손이 자주 가는 소재로는 곱슬버들, 베어그라스, 다래넝쿨을 들 수 있어요. 중간중간 더하는 꽃은 흰색, 초록색, 노란색 색감을 가진 것 정도만 사용하는데 개인적으로는 데이지, 글로리오사를 좋아해요. 가지와 풀 소재는 양재 화훼단지를 이용하고, 꽃은 주로 고속터미널 꽃시장을 이용합니다. 물론 두 곳 모두 꽃, 가지, 풀 소재를 다양하게 취급해요.

꽃에 비해 가지류와 베어그라스는 감상할 수 있는 기간이 훨씬 깁니다. 저는 제 계절에 맞는 산수유 가지만을 무심한 듯 물꽂이 해 실내 분위기를 따뜻하게 연출하는 것도 좋아합니다. 물 교체만 잘하면 한 달도 거뜬히 유지돼요.

풀다발 만들기 노하우

풀다발을 만들 때는 '정돈되지 않은 듯한 러프한 선'을 가장 중요하게 생각해요. 사진 속 사용된 소재들을 보면 큰 꽃보다는 작은 꽃, 넓은 잎보다는 좁은 잎을 사용한 것을 볼 수 있습니다. 무게감 있는 느낌보다는 라인감이 도드라지는 소재를 주로 사용하며 그 안에서 적절히 강약조절을 해 주는 정도로 심플하게 작업해요. 때로는 어울리지 않을 것 같은 소재를 과감하게 믹스했을 때 창의적인 디자인이 나오기도 합니다.

산수유

나만의 작은 숲

고사리 합식

제가 운영하는 클래스 주제 중 합식 수업은 단연 인기가 많습니다. 합식이란, 생육 조건이 비슷하거나 같은 과의 식물을 모아 심는 방식을 말합니다. 합식을 배우다 보면 각각의 식물을 달리 해석해 보는 시선과 고요한 집중력을 기를 수 있어요. 합식을 할 때는 식물도 우리의 얼굴처럼 앞 뒷면이 분명히 있다는 것을 인지하고 어느 각도에서 가장 아름다운지, 어떤 모습을 부각시켜 주어야 하는지 등을 고려해야 합니다. 약간의 각도 차이로도 전체적인 느낌이 달라지기 때문이죠. 식물 간의 조화, 식물과 화분 간의 조화, 마감재와의 조화 모두를 함께 고려해야 하기에 단일 식재와는 달리 복잡하고 어렵다는 생각부터 들 수 있지만, 막상 작업을 이어가다 보면 시간 가는 줄 모르고 손끝의 감촉에 집중하게 됩니다. 식물을 매만지는 손길이 한결 섬세해지기에 가드닝을 가르치는 입장에서도 추천하는 수업 중 하나입니다. 손길이 달라지면 마음가짐도 달라지거든요.

합식 수업에서는 주로 고사리과 식물을 다룹니다. 2~3가지 종류를 한 화분에 식재해 마치 하나의 숲처럼 연출하는 방법을 알려드려요. 대부분 생육 특성이 비슷해 함께 심어 기르기에 무리가 없으며 저마다 생김새도 다채로워 합식의 멋을 충분히 느낄 수 있답니다. 고사리과 식물은 습도에 큰 영향을 받기에 부지런히 사랑을 주는 만큼 잘 자라요. 분무를 자주 해 공중 습도를 높여야 하고, 흙이 건조하지 않은지 계속 들여다봐야 하며, 추위를 타지 않게 세심히 관리해 주어야 합니다. 은근 손이 많이 가는 식물이지만 그만큼 성장도 빨라 식물을 키우는 즐거움을 한껏 느낄 수 있어요.

합식 수업을 마치고 난 후에는 완성한 화분을 온전한 나만의 숲으로 생각해 보면 좋을 것 같단 메시지를 전합니다. 상상 속에 나를 작은 존재로 두고 울창한 숲을 걷는 듯한 기분을 느껴보자고도 제안해요. 실제로 피규어를 올려 두고 감상하는 분들도 있답니다. 무거운 마음을 내려놓고 잠시 쉬어 가고 싶을 때 넓은 화분에 고사리 숲을 만들어 보는 건 어떨까요?

- 블루스타펀, 에버잼, 더피 고사리 합식. 이외 후마타 고사리, 아지리 고사리도 자주 사용하는 편.

고사리과 식물 키우기

고사리과 식물은 다습하고 따뜻하며 빛이 적은 음지가 자생지입니다. 몸체를 두껍게 변화시켜 수분을 저장하는 능력보다는 최소한의 빛을 최대한으로 활용하기 위해 잎이 얇지만 넓게 발달한 경우가 많아요. 때문에 줄기와 잎에 수분을 저장할 능력이 부족하고, 추위도 잘 느끼기에 환경 변화에 예민하다는 것을 유추할 수 있죠. 지속적인 관심을 가져야 하기에 고사리과 식물은 키우기 어렵다고 느낄 수 있습니다.

고사리과 식물을 키울 때는 습도는 40%, 온도는 20℃ 아래로 내려가지 않게 관리해 주어야 해요. 물은 겉흙이 고슬고슬하게 말랐을 때 주면 좋고, 높은 습도를 유지해야 하므로 틈틈이 잎에 분무해 주는 것은 필수입니다. 반그늘을 좋아하므로 강한 빛을 받지 않게 주의하세요.

고사리과 식물의 포자

고사리과 식물(양치식물)은 꽃을 피우지 않는데요. 이유를 간단히 소개해 볼게요. 태초에 식물이 육지에서 번식할 때는 가루받이를 해 줄 곤충들이 없었어요. 암술에서 수술로 꽃가루가 옮겨져야 번식을 할 수 있는데 이 과정이 불가능했던 거죠. 오직 물을 통해 번식을 해야 했기 때문에 잎 뒷면에 포자라는 것을 만들어 냈고, 축축한 땅에 포자들이 떨어져 온기를 받으면 싹이 트는 방식으로 번식했습니다. 이렇듯 양치류를 비롯해 포자생식을 하는 식물은 씨앗을 만들어 내는 식물보다 이 세상에 먼저 오랫동안 존재해 왔다는 것을 알 수 있어요.

포자는 잎 뒷면에 까맣거나 노란빛, 또는 종종 붉은빛을 띠며 자리 잡곤 하는데 형태가 굉장히 다양해 벌레로 오해하기 쉬워요. 포자인지 모르는 경우 박박 닦아 내거나 줄기를 잘라 내버리는 불상사가 생기기도 하니 고사리과 식물을 구입할 때는 포자 여부를 꼭 확인해 주세요. 물론 모든 종류의 고사리에, 사계절 어느 때나 포자가 생기지는 않습니다. 주로 포자가 생성되는 5~6월경에 유심히 살피면 충분해요. 경험상 크기가 조금 큰 고사리 종류에서 포자를 쉽게 볼 수 있었습니다.

- 고사리의 포자

겨울을 풍성하게 즐기는 방법

생화 리스

식물 관련 일을 시작한 뒤로 겨울이면 어김없이 하는 일이 있습니다. 바로 리스 만들기인데요. 매년 11~12월, 한 해를 마무리하고 다음 해의 안녕을 기원하는 저만의 연례 행사이자 의식이기도 해요. 리스 만드는 방법을 처음 가르쳐준 정원디자이너 선생님 이야기를 먼저 전하고 싶어요. 제가 공부했던 원예 치료 분야의 선배이기도 하고, 이 일을 처음 시작할 때 정원 가꾸는 일, 실내 환경을 연출하는 일 등에 함께할 수 있는 기회를 많이 주신 분이에요. 연말이면 선생님 댁에 방문해 시간 가는 줄 모르고 마주 앉아 손이 초록으로 다 물들 때까지 리스 작업을 했던 기억이 떠오릅니다. 하나의 리스를 완성하려면 몇 시간 내내 가위질을 해야 하고, 철사를 칭칭 감아야 하기에 손가락 마디부터 어깨까지 아프더라고요. 그런데도 선생님은 오랜 시간 연말이면 정원에서 나고 자란 가지들을 이용해 많은 양의 리스를 만들곤 했어요. 한해 동안 감사했던 분들에게 마음을 전하기에 이만큼 정성이 담긴 선물이 없다는 소중한 마음을 갖고 있던 분입니다. 어쩌면 그때의 기억이 따스하게 남아 지금까지도 연말마다 리스 만드는 일을 이어온 것 같아요.

리스는 주로 겨울에도 푸르른 상록수 소재를 엮어 만듭니다. 소재를 다양하게 써 화려하고 풍성하게도 만들 수 있고, 한두 가지 소재만을 사용해 조금은 수수한 느낌으로 만들어 볼 수도 있어요. 보통은 보관의 편의성이나 매년 사용하기 위해 조화로 된 리스를 구매하곤 할 텐데요. 생화 리스는 유지 기간이 짧지만 살아 있는 소재들이 전해주는 싱그러움과 공간에 풍기는 짙은 향은 조화 리스와 비교가 되지 않습니다. 만드는 동안의 행복감도 비교할 수 없고요. 저의 경우는 보통 6~7가지 종류를 섞어 만드는데, 메인 재료로는 편백나무를 활용합니다(그 외 나머지 소재는 뒷부분에서 만드는 방법과 함께 설명할게요). 다양한 소재들을 하나씩 다듬다 보면 피톤치드 향 덕분에 마음이 편안해짐을 느낍니다. 올 한 해 잘 살아왔는지 돌이켜보며 즐거웠던 순간들, 그리운 사람들을 떠올리기도 합니다.

지름 20cm 짜리 리스 하나를 만드는 데는 2시간 이상이 소요되는데요. 리스를 만드는 동안만큼은 온전히 스스로에게 집중할 수 있어서 좋아요. 잡념도 사라지고요. 이제는 노하우가 생겨 손이 빨라졌지만, 처음 시작했을 때는 3시간도 더 걸렸습니다. 생각보다 쉽게 후다닥 할 수 있는 일은 아니에요. 그렇다고 어려운 일도 아니지만 진득하게 앉아 같은 동작을 반복해야 하는 인내

심이 필요한 일이랍니다. 주로 동그란 형태의 리스를 만들었지만 작년부터는 가로나 세로로 긴 모양의 갈란드도 만들기 시작했어요. 동일하게 상록수 소재를 사용하지만 같은 동작을 반복하는 리스 만들기에 비해 어느 정도의 창의력과 디자인적인 밸런스를 요하는 작업이에요. 뒷장에서 리스가 어떤 원리로 만들어지는지, 각각의 소재를 어떻게 사용해야 효과적인지를 알려 드릴 테니 잘 숙지해 두면 충분히 응용할 수 있을 거예요.

이 책을 마무리할 때가 되니 벌써 5월이 다 지나고 있습니다. 요즘은 눈 깜짝할 사이에 시간이 흐른다는 생각이 자주 드는데, 좋아하는 일을 하면서 지내다 보니 더 그런 것 같아요. 리스에 대한 글을 쓰고 보니 금세 연말이 올 것 같단 생각이 드네요. 돌아오는 11월에도 늘 그래왔듯 리스를 만들고 있겠지요. 여러분도 올 연말엔 직접 리스를 만들어 보길 바랍니다.

* 리스(wreath)
복을 기원하기 위해 문에 복조리를 매달아 두는 풍습이 있는 것처럼, 서양에서는 안 좋은 것들을 물리치고, 행운을 가져다준다는 의미로 리스를 매달아 둡니다. 동그란 리스의 형태는 생명의 순환, 영원한 사랑, 승리, 태양, 추위를 이겨내는 힘과 같은 여러 긍정의 의미를 담고 있습니다.

○ 리스 만들기

리스에 주로 사용하는 재료부터 만드는 방법까지 소개합니다. 리스는 여러 소재를 사용하기 때문에 각각의 역할을 알고 있으면 좋아요. 참고로 모든 소재와 부자재는 고속터미널 꽃시장이나 양재 화훼단지에서 구매할 수 있습니다.

재료 준비

· 편백나무 : 전체적인 형태를 결정하는 주 소재

· 더글라스 : 앞, 뒤 볼륨을 채워주는 서브 소재

· 블루버드 : 앞, 뒤 볼륨을 채워주는 서브 소재

· 신종 아스파라거스 : 앞, 뒤 볼륨을 채워주는 서브 소재

· 니콜 : 라인감을 살려주고 여리여리한 느낌을 더하는 장식 소재

· 삼나무 : 컬러감과 풍성함을 더해주는 장식 소재

· 오리목 : 깊이감과 풍성함을 더해주는 장식 소재

  * 위 재료 외에도 구상나무, 다래넝쿨, 곱슬버들, 다정큼나무, 유칼립투스 등 사용할 수 있는 소재는 굉장히 다양합니다.

부자재 준비

- 리스 틀(크기와 색깔이 다양하니 취향에 맞게 선택)
- 구리 철사(색깔이 다양하니 취향에 맞게 선택)
- 꽃가위(두꺼운 가지 소재를 사용할 경우 전정가위 이용)
- 리본

  ＊ 리본 고르는 팁
  리스용 리본으로는 붉은색이 먼저 떠오르겠지만, 저는 주로 아이보리, 브라운, 그린, 네이비 톤을 사용해 차분한 느낌을 냅니다. 하지만 크리스마스, 연말 분위기를 내기에 레드가 빠지면 서운하지요. 레드를 포함한 한두 가지 색깔의 리본을 구비해 리스를 걸어 두는 기간 동안 교체해 가며 분위기를 바꿔보는 것도 좋습니다.

선택 부자재

- 오너먼트(솔방울, 패브릭, 플라스틱 등 형태와 색깔이 다양한 편)
- 전구
- 글루건

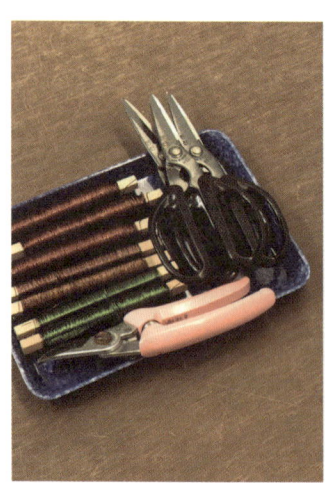 

만드는 법

1. 준비한 소재들을 적당한 길이로 재단합니다. 아래와 같이 길이의 기준을 잡아 두되 길고 짧은 것들이 적당히 섞여야 풍성하게 제작할 수 있습니다. 가능하면 길게 재단해 사용하세요. 처음부터 너무 짧게 재단을 해두면 나중에 소재를 엮어나갈 때 힘들 수 있어요.

   · 편백나무, 더글라스, 블루버드, 니콜 : 손바닥을 펼쳤을 때 가운데 손가락 끝부터 손목까지의 길이로 재단
   · 그 외 나머지 소재 : 새끼손가락부터 손목까지의 길이로 재단

2. 재단한 소재들을 종류별로 한데 모아둡니다.

3. 준비한 리스 틀에 구리 철사를 감아 고정합니다. 시작점을 만드는 개념이에요.

4. 하나의 작은 꽃다발을 만든다고 생각하면서 다양한 길이의 소재들을 여러 겹으로 겹쳐 형태를 잡아줍니다.

5. 완성한 다발을 구리 철사를 활용해 리스 틀에 고정합니다. 이때 동그란 리스 모양을 따라 전체적인 라인이 따라갈 수 있도록 각도 조절을 잘해야 해요. 약간의 각도 차이로 고르지 못한 원형이 되기도 하고, 네모난 형태로 만들어지기도 하니 주의하세요. 고정을 위해 감은 철사는 잘라내지 않고 사용합니다.

6. 동일하게 두 번째 다발을 만들어 첫 번째 다발의 반절 정도가 가려지게끔 이어 연결합니다. 너무 붙여 엮으면 리스가 뚱뚱해지고, 너무 떨어트려 엮으면 리스의 볼륨감이 떨어집니다.

7. 같은 동작을 반복해 리스 틀이 보이지 않도록 연결해 나갑니다. 소재의 길이를 가위로 다듬어 줍니다.

8. 한쪽에 리본을 매달아 마무리합니다.

실내로 자연을 옮겨오는 일
식물 연출 작업

숲을 거닐거나 가볍게 산책을 할 때면 주변의 풍경을 살피며 자연 그대로의 모습을 최대한 눈에 담아두려 합니다. 인상적인 장면은 사진으로 남겨두기도 하고요. 제 카메라의 프레임은 언제나 꽃, 풀, 돌, 흙과 같은 자연의 요소에 포커스가 맞춰집니다. 이런 것들이 무심코 지나쳐지질 않더라고요.

이렇게 평소 자연 그대로의 모습을 자주 보고 기록해둔 덕분에 좋은 영감을 받아 특별한 경험을 한 적이 있습니다. 한 뮤지션의 뮤직비디오 연출을 맡게 되어 자연을 실내로 들여오는 콘셉트의 작업을 하게 된 것이죠. 그동안의 수집물을 둘러보고 나니 식물을 이용한 연출을 할 때는 최대한 인위적이지 않게, 자연에 가까운 디자인을 해야겠다는 사실을 깨달았어요. '자연 그대로의 모습'을 최대한 형상화하여 실내로 들여오면 보는 이들이 익숙하면서도 색다른 매력을 느낄 거라 생각했습니다. 시간의 흔적을 나타내는 나무의 이끼, 그 주변에 자라난 잡초, 깨끗하게 정리되지 않은 듯한 높고 낮은 풀들처럼 우리 주위의 숲과 들, 잔잔한 초원에 있을 법한 느낌이 주는 매력을 전하고자 했어요. 어떤 식으로 스토리를 담아 작업을 했는지 살짝 소개할게요. 여러분도 평소 자연을 좀 더 섬세하게 둘러보고, 계절의 오고 감을 좀 더 선명히 느껴보길 바랍니다. 자연의 모습은 생각 그 이상으로 우리에게 많은 영감을 준답니다.

- 아무것도 없는 하얀 공간에서 시작되는 이야기

- 자연을 형상화할 수 있는 최소한의 베이스 작업을 한 후 흙과 이끼, 자연의 돌, 그리고 우리 주변에서 흔히 볼 법한 풀을 자연스럽게 세팅한 모습

- 인물이 등장하고 나서부터는 그를 둘러싼 자연이 확대되고 풍성해진다. 나무를 좀 더 무성하게 심고, 야생화로 포인트를 준 것이 특징. 계절이 바뀌고 시간이 흘러감에 따라 성장하는 과정을 표현한 작품이다.

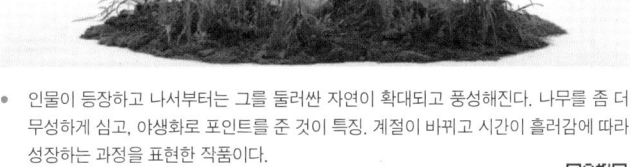

해당 촬영에 대한 풀 버전은 QR 코드를 통해 볼 수 있습니다.
스윔래빗 swimrabbit - 'hiss (feat.YESEO)' MV

plan 4. 식물과의 추억 기록하기

식물과 함께하는 일상
우리 집 반려식물

공간 연출에 사용하고 남은 식물, 선물 받은 식물, 작업실에서 죽어가는 식물들은 집으로 데려옵니다. 그러다 보니 저희 집에는 제각각 사연 있는 식물들이 모여 있어요. 상태가 좋지 못한 채 키우기 시작하는 경우가 많아 디자인적인 요소보다는 건강하게 자라게 하는데 온 관심을 집중합니다. 작업실에 두는 식물은 판매용이기도 하고, 공간을 찾는 분들에게 일관된 이미지를 전달하고 싶은 마음에 화분 색깔이며 식재 디자인의 조화까지 고려해 배치하지만 집에 있는 식물들은 모두 가지각색의 모습을 띠고 있어요. 빛이 잘 들지 않는 집이라 날씨가 좋은 날엔 창틀에 최대한 많은 화분을 올려놓는데 멀리서 바라보면 참 조화롭지 못하단 생각이 들 정도예요. 그러면서도 또 오합지졸 모여있는 모양새가 귀엽게 느껴집니다. 외출할 땐 화려하게 치장할지라도 집에 오면 위아래 짝이 맞지 않는 옷, 목이 늘어난 티셔츠를 입고 펑퍼짐하게 늘어져 있는 게 편한 우리의 모습과 꽤 비슷하단 생각도 듭니다.

식물을 키우다 보면 처음 구입했을 때와 달리 흐트러진 모습을 보게 될 거예요. 건강한 상태임에도 불구하고 처음과 다른 모습에 실망할 수 있죠. 또 식물을 알아갈수록 취향이 바뀌어 기존에 키우던 식물에게 시선이 가지 않을 수도 있습니다. 처음의 설렘이 덜해졌더라도 한 집에서 살아가기로 한 만큼 가족처럼 편한 마음으로 대해주길 바라봅니다.

interview ● 취미반 수강생 인터뷰

우리는 식물에 대한 다양한 이야기를 안고 한 공간에 모여 마음을 나눴습니다. 각자 다른 계기로, 다른 방법으로, 다른 감정을 느끼며 식물 생활을 시작해 이어가고 있었는데요. 어떤 이는 식물을 키우는 것이 매번 어렵기만 하다고, 또 어떤 이는 식물을 통해 뜻밖의 행복을 느끼고 있다고 서로의 경험을 나누는 것으로 수업의 문을 열었습니다.

수강생들과 마주 앉아 식물에 대해 이야기하다 보면 첫 만남의 낯선 감정이 금세 허물어졌어요. 취미반의 경우 한 달에 네 번을 만나다 보니 꽤나 많은 것들을 나누게 되더라고요. 매주 동일한 시간에 어딘가로 향하는 일, 같은 시간이면 누군가를 기다리는 일이 우리 사이에 단단한 끈을 만들어 주는 것 같단 생각도 들었습니다. 4주간의 수업을 마무리할 때쯤엔 정이 들어 어쩐지 헛헛한 마음이 들 때도 많았어요. 이 책을 마무리하며 '서서히'를 찾아 준 수강생들을 떠올려 보니 몇몇 분의 경험을 나누고 싶다는 생각이 들어 인터뷰를 요청하게 되었습니다. 이런 소소한 이야기를 함께 나누며 쌓아가는 것 또한 가드닝의 즐거움이 아닐까 싶습니다. 소개하는 내용을 통해 독자님들도 '식물과 함께하는 삶'에 대해 조금은 진지하게 생각해보는 시간을 가졌으면 좋겠습니다. 이 책을 마주하고 있는 여러분의 식물 이야기도 듣고 싶어지네요.

주혜수

1. 자기소개 부탁드립니다.

   안녕하세요. 저는 식물이 가득한 작은 정원의 정원사를 꿈꾸는 초보 식집사 주혜수입니다.

2. '서서히' 취미반 수업을 듣게 된 계기가 있나요?

   대학 시절, 시각디자인과 졸업 작품의 주제로 홈가드닝 브랜딩 작업을 진행하면서 본격적으로 식물에 관심을 갖게 됐어요. 당시 다양한 식물을 조사하면서 식물에 대한 호기심과 애정이 더 깊어졌습니다. 이후 그 마음을 안고 꾸준히 식물을 키워봤지만 연이어 실패를 경험했어요. 좋아하는 마음만으로는 식물을 잘 키울 수 없다는 걸 깨달았답니다. 늘 마음 한 편에 식물에 대한 애정과 더불어 답답함과 미안함을 갖고 있었던 것 같아요.

   코로나로 인해 많은 분들이 힘든 시간을 겪던 시기에 저도 사회생활이나 인간관계에 있어 조금씩 공허함을 느끼게 됐어요. 심리적으로 어떤 해소가 필요하다고 생각했죠. 무거운 고민들을 내려놓고 저를 돌아볼 수 있는 시간을 스스로에게 선물해 주고 싶었습니다. 마음 한 편에 남아있던 식물에 대한 답답함과 미안함도 해소하고 싶었고요. 그렇게 가드닝에 대한 로망과 힐링을 위해 클래스를 찾던 중 제가 원하던 따뜻한 감성의 '서서히'를 만나게 되었습니다.

3. 한 달간의 수업은 어땠는지, 기억에 남는 것들이 있었는지요?

   저는 첫 수업이 가장 기억에 남아요. 저마다 식물에 대한 다양한 사연을 가지고

'서서히'를 찾아온 수강생들은 어색한 듯하면서도 설레 보였어요. 첫 만남의 두근거림이 온전히 느껴지던 그 현장이 떠오릅니다. 첫날에는 식물을 키우면서 생긴 에피소드나 고민을 자유롭게 공유하며 서로 공감하는 시간을 가진 후 수업을 진행했었죠. 식물을 대하는 태도를 먼저 익힌 후 본격적으로 이론과 식재 방식을 배운다는 프로세스가 인상적이더라고요. 연출 수업 때는 저의 내면을 들여다 봄으로써 식물과 저에게 충분히 집중할 수 있어서 참 좋았어요. 식물을 좋아하는 이들이 한 공간에 모여 사랑스러운 시선과 따뜻한 손길을 보여주는데 그 기운을 느끼는 것만으로 힐링이 되었습니다. 4주간의 수업 후 모두가 건강한 식집사로 함께 성장한 것 같아 뿌듯했고 무엇보다 같은 취미를 공유할 수 있는 소중한 인연들을 만나 행복했습니다.

4. **가장 아끼는 식물이나 시선이 많이 가는 식물이 있나요? 그 이유도 궁금합니다.**

'서서히' 수업에서 만났던 몬스테라를 가장 아낍니다. 몬스테라는 비교적 성장속도가 빨라 매일매일 다른 모습을 보여주어 변화를 발견하는 재미가 있어요. 그래서인지 눈 뜨면 제일 먼저 들여다보게 됩니다. '오늘은 어제보다 이만큼 키가 더 커졌구나' 하며 하루를 시작해요. 남들은 알아채지 못하더라도 저는 항상 그 친구의 변화를 알아채 주고 싶었답니다. 순둥순둥한 몬스테라의 가장 큰 매력은 갈라진 잎인 것 같아요. 모든 잎이 갈라지진 않는데 운 좋게 갈라진 잎이 나면 그렇게 기분이 좋더라고요. 이전까진 잎이 성장하면서 찢어지는 줄 알았는데 이미 새순에서부터 갈라지기 시작한다는 것이 재밌었어요. 직접 키워보니 알게 된 사실이죠.

5. **상태가 안 좋아진 식물을 직접 처방해 준 경험이 있나요?**

수많은 식물들이 제 머릿속을 지나쳐가네요. 위쪽 잎에는 독특한 무늬가 있고 아래쪽 잎은 보랏빛을 띠는 오묘한 매력의 '칼라데아 인시그니스'도 생각이 나고, 살짝 통통한 잎이 귀여웠던 '크루시아'와 키우기 쉽다던 다육식물인 '스투키', '용신목' 등의 각종 선인장까지 제 손을 떠난 식물들은 헤아릴 수 없이 참 많네요. 대부분 식물들이 아프면 잎 끝이 갈색으로 마르기 시작하면서 죽어가더라고요. 당시 저는 잎이 마른다는 이유로 물이 부족한가 싶어 물을 충분히 주고, 화분을 햇빛 쪽으로 가져다 놓는 일밖에 해 주지 못했어요. 결국 모두 과습으로 제 곁을 떠났습니다. 질문에 대한 답으로 떠나보낸 식물들의 모습만 떠올라 씁쓸하지만 앞으로는 꼭 대답을 할 수 있도록 제 식물들이 아프면 적절한 처방을 내릴 수 있는 집사가 되겠어요!

6. 혜수님에게 식물과 함께하는 삶이란 무엇인가요?

'서서히'를 통해 식물을 대하는 마음뿐만 아니라 사람 간의 관계를 유연하게 유지하는 법도 알게 되었어요. 식물은 우리가 사는 모습과 많이 닮은 것 같아요. 모두 다른 생김새에 다른 성격과 성향을 가지고 세상에 태어났지만 주변 환경에 맞춰 함께 호흡하면서 살아가잖아요. 동시에 서로 다름을 인정하며 나만의 길을 찾아가기도 하고요. 식물을 키우면서 각각이 가진 특성에 대해서 있는 그대로 인정하려는 노력을 해 나가고 있는데요. 그러던 중 문득 저를 포함한 주변 사람들을 받아들이고 이해하려는 태도가 부족했던 것 같다는 생각이 들었어요. 우리가 수시로 식물의 상태를 살피고 원하는 게 무엇인지 아프진 않은지 항상 관심을 가지고 들여다보는 것처럼 앞으로는 나 자신을, 주변 사람들을 돌볼 줄 아는 사람이 되고 싶습니다. 식물을 가꾸는 일은 곧 제 마음을 가꾸는 일인 것 같아요.

저는 가드닝 수업을 통해 눈으로 마음으로 식물과 대화하면서 참 많이 위로받았습니다. 아직 초보 가드너라 어렵고 궁금한 게 많지만, 식물에게 위로받은 기억을 소중히 여기며 앞으로 어려움이 있더라도 꾸준히 식물과 함께하는 삶을 이어가 보고 싶어요. 이번 생이 처음인 저에게도 식물들이 힘이 되어주었으면 좋겠습니다.

(김유영)

1. 자기소개 부탁드립니다.

안녕하세요. 서울에 거주한 지 13년 된 김유영이라고 합니다. 지금은 브랜드 마케터로 일하고 있어요. 저는 사람들과 만나 신나게 이야기하는 것도 좋아하지만 혼자서도 무척 잘 놀아요. 특히 조용히 식물들과 보내는 시간을 좋아합니다. 식물들에게 다가가 그들의 상태를 면밀히 관찰하다 보면 어느 순간 모든 잡념이 사라지고, 머릿속이 고요해져요. 도시에서 이리저리 부딪히며 살아가고 있지만 언젠가 자연 속에서 유유자적하는 삶을 꿈꾸고 있습니다. 계속 궁리하다 보면 조금 더 지속 가능하고 자유로운 삶을 향해 닿을 거라 믿으면서요.

2. '서서히' 취미반 수업을 듣게 된 계기가 있나요?

'도시보다는 자연을 누릴 수 있는 곳이 좋아'라는 생각으로 틈만 나면 도심을 벗어나 여행을 갑니다. 텃밭을 가꾸고 캠핑을 즐기는 일도 좋아하고요. 생활이 바빠지니 어느 날부터 이 모든 활동이 조금씩 버거워지기 시작했고, 일상 속에서도 좀 더 지속 가능하게 자연과 함께할 수 있는 방법을 찾아야겠다고 생각했어요. 그렇게 홈가드닝을 해보기로 결심했지만 그간 과습으로 보낸 화분을 떠올려보니 식물의 생태를 잘 모르는 내가 식물을 들여도 될까 두려웠어요. 그러던 중 '서서히' 클래스를 알게 되었습니다. 단순히 식물을 잘 키우는 요령을 외우는 것이 아닌, 식물이 자연스럽게 제 삶에 들어오는 데 도움이 될 것 같아 취미반 수업을 신청했어요. 그렇게 홈가드닝을 서서히 제대로 시작하게 되었습니다.

3. 한 달간의 수업은 어땠는지, 기억에 남는 것들이 있었는지요?

매주 새로운 식물을 마주하며 여러 상황에 있어 기본기를 탄탄하게 다질 수 있던 시간이었습니다. 무엇보다도 함께 한 클래스 메이트들이 참 좋았어요. 언젠가 식물 행성에서 다 같이 살다 온 사람들이 아닌가 싶을 정도로 성향이 잘 맞았습니다. 가장 기억에 남는 회차는 마지막 플랜테리어 수업이에요. 식물을 통해 각자가 구현하고 싶은 장면을 연출함으로써 삶에 대한 생각과 고민을 나누곤 했죠. 모두가 진심으로 서로를 응원했던 기억이 나요. 우리가 식물을 대하는 마음 안에는 우리네 삶과 우주가 담겨 있고, 그 모든 모습이 아름답다는 걸 깨달았습니다.

4. 가장 아끼는 식물이나 시선이 많이 가는 식물이 있나요? 그 이유도 궁금합니다.

그때그때 제 심경에 따라 조금씩 변하긴 하는데요. 지금은 '워터코인'이라고 대답하고 싶습니다. 뭔가 '우렁차다'는 표현이 어울릴 정도로 강한 생명력과 존재감을 뿜어내는 식물이에요. 워터코인은 굉장히 솔직해서 멋있다는 느낌도 듭니다. 물이 조금만 부족하면 가느다란 줄기를 축 늘어뜨리고요. "앗 미안해!" 하면서 물을 채워주면 바로 고개를 들어 햇빛을 찾아갑니다. 워터코인의 강인한 생존 본능을 느끼다 보면 제가 하는 일상의 고민들이 조금은 힘을 잃어요. 이리저리 기운차게 뻗은 잎과 줄기는 "뭣이 중헌디?!"라고 우렁차게 소리치는 것 같답니다. 그간 골머리 앓던 문제들도 별거 아닌 것처럼 느껴지곤 해요.

5. 상태가 안 좋아진 식물을 직접 처방해 준 경험이 있나요?

한동안 제 아픈 손가락이었던 '알로카시아 프라이덱'이 떠오릅니다. 제가 처음으로 직접 식재한 식물이라 항상 시선이 먼저 가는 친구였는데요. 얼마 전까지 큰 이파리를 달고 있는 줄기가 축 처져있어 안타까웠습니다. 뭘 해 줘야 할지 전혀 모르겠고, 계속 눈치만 보게 되더라고요. 괜히 해결한답시고 뭐가 시도했다가 안 하느니만 못하는 상황이 될까봐 겨우 물만 챙겨 주고 있었어요. 그러다 병충해까지 입어 살충제를 뿌려주기도 했습니다. 다행히 벌레는 없어졌지만 계속 더 비실비실해지는 것 같았습니다. 더 이상은 안 되겠다 싶어 큰맘 먹고 이 친구에게 처음으로 액상 영양제를 써봤는데, 며칠이 지나서 보니 새순이 두 개나 돋아 있는 거예요(동시에 왠지 모를 다량의 버섯들도 함께 올라와 있었지만…)! 빳빳하고 튼튼한 새순을 보니 무척 기뻤습니다. 영양이 부족했던 거더라고요. 버섯은 다 뽑아 주긴 했지만, 조만간 보슬보슬하게 흙갈이를 한번 해줄까 해요. 이렇게 말하고 보니 제 식물 생활의 모든 첫 경험인 '식재, 벌레 퇴치, 영양제 공급'을 함께 겪은 친구라 더욱 애정이 가네요. 앞으로도 오래도록 함께할 수 있었으면 좋겠어요.

6. 유영님에게 식물과 함께하는 삶이란 무엇인가요?

식물들과 함께 하며 '지금'을 즐길 수 있는 방법을 배우고 있어요. 화분 하나하나는 제가 언제든지 다가가 기댈 수 있는 자연이, 저를 품어주는 작은 우주가 되어 주기도 합니다. 차를 타고 숲으로 바다로 떠나지 않아도 지금 여기, 일상 안에서 지속 가능한 행복과 자유가 있다는 걸 매일 느끼고 있습니다.

(김수연)

1. **자기소개 부탁드립니다.**

    안녕하세요. 저는 '서서히'를 통해 가드닝 세계에 입문한 김수연입니다. '서서히'에서 한 달간 수업을 들으며 4가지 식물을 만났는데 지금은 훨씬 더 많은 식물들과 함께 거주 중이에요. 하나씩 늘려 가다 보니 어느새 베란다가 식물로 가득 찼네요. 너무 많아서 나눔을 해야 하나 고민이 될 정도예요.

2. **'서서히' 취미반 수업을 듣게 된 계기가 있나요?**

    이사를 하면서 스투키 화분을 선물받았어요. 스투키는 성장 속도도 느리고 변화가 거의 없다 보니 어떻게 키워야 할지 잘 모르겠더라고요. 인터넷에 검색해 봐도 내용이 제각각이라 애매하게 느껴졌어요. 우리 집 환경이 어떤지 파악하는 것도 쉽지 않고요. 식물의 삶에 대해 뭔가 답답하던 차에 '서서히'를 알게 되었어요. '이번 기회에 제대로 한번 배워보자' 다짐하며 취미반 수업을 듣게 되었습니다.

3. **한 달간의 수업은 어땠는지, 기억에 남는 것들이 있었는지요?**

    첫 수업이 가장 충격적이었어요. 그동안 '한 달에 한 번 물 주기', '열흘에 한 번 물 주기'와 같은 규칙적인 물 주기를 지키려고 굉장히 노력해 왔는데 이건 완전히 잘못된 기준이라는 걸 깨달았죠. 왜 그동안 흙을 만져볼 생각을 못 했는지 머리가 띵했습니다. 흙, 잎, 줄기 모두 만져보면서 컨디션을 확인하고 물을 줘야 한다는 그 말이 마음에 쏙 들어왔어요. 수업을 들은 후에는 식물과 흙 상태를 꼬박꼬박 들여다보며 물을 주고 있어요.

4. **가장 아끼는 식물이나 시선이 많이 가는 식물이 있나요? 그 이유도 궁금합니다.**

'서서히'에서 처음으로 식재한 셀렘을 가장 아껴요. 조그마한 크기였는데 어느덧 대품을 향해 무럭무럭 자라고 있답니다. 잎의 모양도 점점 굴곡이 과감해지고 있고요. 하엽이 질 때쯤 샛노랗게 변하는 모습도, 새잎이 '뽁!'하고 올라오는 모습도 얼마나 귀여운지 몰라요. 사실 지난 겨울에는 날이 너무 건조해서 응애가 생기기도 했는데요. 자주 샤워를 시켜주고 주기적으로 해충 스프레이를 뿌려주며 열심히 관리하고 있습니다. 아직 완전히 없어지진 않았지만 꼭 전멸시켜서 건강을 되찾게 해 줄 거예요.

5. **상태가 안 좋아진 식물을 직접 처방해 준 경험이 있나요?**

처음으로 배수 구멍이 없는 화분에 식물을 심은 적이 있어요. 물을 얼마나 줘야 하는지 고민스럽더라고요. 겉 흙의 상태를 보면서 물을 주었지만 안쪽 흙은 마를 새가 없이 계속 축축한 상태였던 것 같아요. 과습으로 인해 결국 뿌리파리 파티가 시작되었습니다. 다시 생각하려니 벌써 힘이 드네요. 그거 아세요? 뿌리파리는 정말 안 없어집니다. 아침마다 반짝이는 화분을 마주하게 되는데 이는 뿌리파리의 날개가 빛 반사를 한 모습이에요. 심지어 흙 안에 알도 낳고요. 옆 화분으로 맘대로 이사도 가요. 너무 끔찍한 기억입니다. 뿌리파리 퇴치약이라면 가루 타입, 액체 타입 모두 구입해 사용해 보고, 또 통풍이 중요하다길래 바람이 잘 통하는 곳에 늘 두었지만 차도가 없었어요. 결국 뿌리파리의 원인이었던 화분을 정리하게 되었어요. 차마 사진으로 남기고 싶지도 않아 증거는 없지만 반짝이는 화분의 진실을 이렇게나마 모두에게 공유하고 싶어요. 뿌리파리 조심하세요!

6. **수연님에게 식물과 함께하는 삶이란 무엇인가요?**

식물들이 성장하며 변화하는 모습에 큰 활력을 얻어요. 잔잔한 일상에 귀여운

기쁨이 되어 줍니다. 날이 따뜻해진 요즘엔 탈피하는 리톱스를 구경하는 낙으로 살고 있어요. 도마뱀이 허물을 벗는 것 같은 느낌이라 '식물계의 도마뱀'이라는 별명도

제 맘대로 지어줬답니다. 탈피를 거듭하다 보면 각각의 개체가 가지고 있는 고유의 색깔을 뽐낸다는데 제 리톱스들은 어떤 색을 보여줄지 기대가 됩니다.

지난 겨울부터는 구근식물을 키우는 재미에 빠져 있습니다. 구근식물은 추운 겨울을 견디며 자라야 예쁜 꽃을 볼 수 있다고 해서 작년 11월쯤 튤립 구근을 심었어요. 겨우내 구근이 썩거나 얼지는 않을까 걱정했는데 봄이 오니 튤립들이 무서운 속도로 자라기 시작하더군요. 싹이 난 지 얼마 지나지 않아 잎이 길게 자라면서 꽃대가 빼꼼 올라오더니 꽃대에서 색색의 꽃이 피었어요. 흙 속에 파묻혀 아무것도 보이지 않을 때부터 변화하는 과정을 모두 보다 보니 식물을 키우는 재미가 더 크게 느껴지더라고요. 앞으로 매년 겨울마다 구근을 심어볼까 생각 중입니다. 이듬해 봄은 언제나 행복이 가득할 것 같아요.

가드닝 세계는 넓고 공부할 것들이 참 많은 듯합니다. 알면 알수록 궁금한 것들이 늘어나네요. 하나씩 알아가는 즐거움을 잃지 않으며 똑똑한 가드너가 되고 싶습니다. 이 책을 읽고 있는 여러분도 모두 파이팅입니다!

양승희

1. 자기소개 부탁드립니다.

저는 디자인을 업으로 삼고 있는 평범한 20대 직장인이에요. 그리고 '서서히'에서 '최장거리 수강생' 타이틀을 갖고 있습니다. 제주에 거주하고 있거든요!

2. '서서히' 취미반 수업을 듣게 된 계기가 있나요?

제 손으로 처음 집으로 데리고 왔던 식물이 몬스테라, 홍콩야자였는데 이 친구들이 새잎을 천천히 펼치는 과정을 지켜보면서 소소한 행복과 왠지 모를 위안을 얻었어요. 이렇게 식물에 관심이 깊어지기 시작하면서 어떻게 관리해야 더 잘 키울 수 있을지 궁금해졌어요. 식물을 키우는 건 정말 즐거운 일이지만 생각보다 알아야 할 게 많더라고요. 그래서 클래스를 듣고 싶다는 생각을 막연하게 했던 거 같아요.

그러던 중 인스타그램에서 우연히 '서서히' 계정을 알게 되었고 게시물을 구경하다가 식물을 바라보는 시선과 식물을 대하는 마음에 매료되었어요. 바로 여기다 싶어 고민 없이 취미반 수업을 문의했죠. 하지만 제가 제주에서 매번 서울로 가야 하는 상황이라 취미반보다는 원데이 클래스를 먼저 들어보길 추천받았어요. 그렇게 하루만 진행되는 수업을 들으려는데도 막상 마음 한 편엔 서울까지 갔다가 실망하고 오면 어쩌나 하는 걱정이 앞섰습니다. 하지만 오히려 수업을 듣고 나니 확신이 생겼고, 거리 장벽을 극복할 수 있겠다 싶어 취미반을 등록했어요. 본격적으로 매주 주말마다 식물을 위한 서울 여행이 시작되었습니다.

3. 한 달간의 수업은 어땠는지, 기억에 남는 것들이 있었는지요?

　　수업을 듣기 위한 장거리 여정은 고되기보다는 설렜어요. 수업이 있는 주말마다 얼른 식물을 만나러 서울 여행을 떠나고 싶더라고요. 팍팍한 일상에 취미가 생기니 삶에 활력이 돌기도 했습니다. 좋은 사람들과 함께 식물을 배워 나가는 여정은 참 행복했지만 식물을 들고 제주로 돌아가는 일은 생각보다 쉽지 않았어요. 비행기를 타러 가는 길에 식물이 다칠까, 화분이 깨질까 항상 노심초사했어요. 선인장을 식재하고 돌아가던 날이 유독 기억나요. 커다란 화분을 두 팔로 번쩍 들어 안고 무겁지 않냐는 선생님 말씀에 괜찮다며 씩씩하게 출발했는데 공항에 도착했을 땐 눈물이 찔끔 나올 정도로 팔에 알이 배기고 진이 빠지더라고요. 캐리어 무게 재는 곳에 올려봤더니 6kg가 훌쩍 넘는 걸 보고 처음으로 '이만큼 내가 식물에 진심이구나' 싶은 생각이 들었어요. 스스로가 괜히 대견했답니다. 그렇게 비행기 옆자리에 태우고 낑낑대며 무사히 제주도 집으로 데려온 선인장은 무척 잘 자라고 있습니다. 지금은 처음 왔을 때보다 키도 훌쩍 컸어요. 어렵게 데리고 온 만큼 애정이 가더라고요. 식물을 들고 제주로 돌아가는 4번의 비행은 그 어느 때보다 힘들었지만 식물이 곁을 지켜준다는 사실에 든든한 기분이 들었습니다.

　　짧다면 짧은 시간이지만 '서서히'에서 식물과 함께하는 삶이 얼마나 가치 있고 행복한 일인지 많이 배웠습니다. 이젠 식물을 고를 때 마냥 예쁜 친구보다는 제 성향과 우리 집 환경과 잘 맞는지를 가장 먼저 고려하곤 합니다. 지금은 종종 친구들에게 식물 상담도 해줄 만큼 많이 성장했답니다. 소중한 여름날의 추억을 만들어 준 선생님에게 감사의 인사를 전합니다. 심화반도 얼른 오픈해 주세요. 저 달려갈게요!

interview ● 저자 인터뷰

(한진아)

1. **어떻게 식물과 관련한 일을 시작했는지 궁금합니다. 식물과 관련해 따로 공부를 했나요?**

    이전에는 디자인을 전공한 후 회사에서 디자인 관련 일을 했었어요. 반복되는 회사 생활에 무기력함을 느끼던 시기에 식물에 대한 관심이 깊어졌습니다. 그러다 막연히 '식물 관련 일을 하고 싶다'란 생각이 들었고, 그 생각이 점점 커져 호기롭게 퇴사를 했어요. 처음엔 어떻게 하면 식물을 배울 수 있을지 막연하기만 했습니다. 열정은 가득한데 뭐부터 해야 할지 몰라 여기저기 기웃대다가 제대로 시작조차 못한 채 꽤 많은 시간을 허비했던 것 같아요.

    식물이라는 단어가 들어간 책은 분야 막론하고 잡히는 대로 읽어 나갔어요. 세상엔 정말 많은 식물이 있었고, 이름은 또 어찌나 어려운지 막막하기도 했지만 식물에 있어서 만큼은 최대한 똑똑해지고 싶었어요. 영어 단어 암기하듯 '하루에 3가지씩만 외워보자'라는 마음가짐으로 휴대폰 메모장에 사진, 이름, 대략적 특성을 짤막하게 적어 짬이 날 때마다 암기하곤 했습니다. 무작위로 책을 펼쳐 이미지만 보고 식물 이름을 맞춰보기도, 이름만 보고 어떤 식물인지 설명하는 식의 게임을 하기도 했어요. 매일 집에 돌아오면 엄마에게 책을 건네고 문제를 내달라고 하기도 했답니다.

    그렇게 혼자 책을 통해 공부를 하다가 좀 더 직접적인 경험을 하고 싶어 플랜트샵 구인공고에 지원서를 넣었습니다. 관련 경험이 없기에 바로 떨어졌어요. 떨어지고 나니 더 오기가 생기는 거예요. 해당 플랜트샵에 대해 관심이 더 커져서 꼭 이곳에서 일하고 싶단 마음이 굳어졌습니다. 한 번 더 공고가 났을 때 또 지원했어요. 두 번째 시도 때는 열정을 좋게 봐주어 일을 할 수 있게 되었어요.

비록 정직원이 아닌 아르바이트였지만 퇴사 후 식물 공부에 갈증을 느끼던 제게는 황금 동아줄 같은 아주 값진 기회로 여겨졌습니다.

2. **플랜트숍에서 일하면서 어떤 것들을 배웠나요?**

혼자 책으로 공부하는 것과는 차원이 다른 것들을 배웠어요. 책 속의 식물과 실제 식물을 매칭해 직접 관리하고 키워보면서 일반적으로 정의되어 있는 내용과는 또 다른 상황이 일어난다는 걸 깨달은 게 가장 큰 성과 같아요.

식물 관리도 중요했지만 직원으로서 판매도 신경 써야 했기에 어떻게 하면 손님들에게 식물이 매력적으로 보일까 연구하는 시간도 가졌답니다. 일하던 곳의 대표님은 매출에 집착하는 분이 아니었지만, 제가 직장인 시절 했던 일이 매출을 중요하게 여기는 분야였기에 자연스럽게 판매에도 욕심을 냈습니다. 잘나가는 식물과 그렇지 않은 식물을 두고 이유를 분석해 보기도 하고, 기존의 식물과 새로 들여온 식물을 새로 배치해 공간 분위기도 바꿔보고, 인기가 없는 식물은 시선이 잘 닿는 곳에 옮기거나 화분과 주변 소품을 바꿔보는 등의 시도를 했어요. 디자인을 전공해서인지 식물 배치와 연출에 큰 흥미를 느꼈어요. 같은 식물이라도 어느 위치에 어느 화분과 매치하느냐에 따라 판매에 굉장한 차이가 난다는 걸 깨닫기도 했습니다. 단독으로 있을 때 멋진 식물이 있다면 다른 식물과 함께 어우러졌을 때 더욱 아름다운 식물도 존재하더군요.

감사하게도 플랜트숍 대표님은 쇼룸 디스플레이에 대해서는 특별한 일이 없는 한 직원의 손에 맡겨주었어요. 영 별로일 때만 슬쩍 직접 바꿔 두곤 했어요. 제가 연출해 놓은 식물의 위치가 바뀌어 있다면 '아, 마음에 들지 않으셨구나, 바꾼 배치가 훨씬 낫네' 생각했죠. 간접적인 피드백을 받는 기분이라 긴장되기도 했지만 그 긴장이 제겐 너무나 긍정적인 에너지가 됐어요. 그때부터 저는 식물을 관리하고 그것들을 보기 좋게 배치하며 사진으로 변화를 기록하는 일에 즐거움과 희열을 느끼고 있습니다.

3. 손님들을 대하는 일은 어렵지 않았나요?

전혀요. 손님들과의 대화는 언제나 즐거웠어요. 대화 과정에서 저 역시 배우는 것이 많았고요. 정보를 전달해야 할 일이 잦아 일을 하면서도 틈틈이 혼자만의 공부를 이어갔는데요. 그렇게 알게 된 작은 지식을 어설프고 부족한 말로 전할 때 경청해 주는 손님들이 있어 참 감사했습니다. 더 정확하고 깊이 있는 정보를 전달하고 싶다는 욕구가 치솟기도 했어요. 식물을 추천하면서도 왜 추천하는지 식물의 특성을 덧붙여 이유를 전하곤 했어요. 나 혼자만 알고 있을 때보다 아는 바를 상대에게 설명하며 생각을 정리할 때 관련 내용을 좀 더 확실하게 기억하게 되더라고요.

어떤 날은 직원인 저보다 식물에 대해 더 많이, 잘 알고 있는 손님이 오기도 했습니다. 질문은 날카로웠고 우물쭈물 대답하지 못하는 스스로가 답답하기도 했어요. 본래 성격이 모르는데 아는 척하는 뻔뻔한 성격은 못되어서 모르는 건 모른다고 솔직하게 이야기한 뒤 다음번에 방문했을 때 그 질문에 꼭 대답해 드릴 수 있도록 노력하겠다며 약속을 하기도 했답니다. 책과 인터넷을 뒤져가며 메모장에 차곡차곡 기록해 답변할 준비를 마쳤죠.

자랑하고 싶은 제 능력 중 하나는 한 번 본 사람은 대부분 기억하는 눈썰미를 가졌다는 것입니다. 재방문 손님은 꼭 알아보고 먼저 다가가 인사를 건네곤 했죠. 한참 뒤 날카로운 질문을 했던 손님이 재방문 한 날, 괜스레 신이 나 한걸음에 달려가 인사를 했어요. 이어 "그때 궁금해하시던 내용은 이러이러 해서 이렇습니다"라고 조잘대며 답변을 드리니 엷은 미소를 띠더라고요. 그렇게 한 명 두 명 손님들과 식물을 주제로 눈을 맞추고 대화할 수 있는 시간이 길어졌고, 대화 속에서 얻은 궁금증과 고민들을 하나씩 해결하면서 엄청나게 성장한 것 같아요. 손님을 응대하는 일은 매번 긴장됐지만 매번 두근거렸습니다.

4. 독학하고, 아르바이트를 하며 불투명한 길을 헤쳐 나가는 과정이 조금은 막막하고 힘들었을 것 같아요.

이제 와 생각해 보니 혼자 한참을 헤매던 과정들이 있어 너무나도 다행인 것 같아요. 만약 뚜렷하게 정해진 방법이 있었다면, 누군가 그대로 따라 해 보라고 알려주었다면 다르게 생각해 보거나 나만의 방식을 찾기는 어렵지 않았을까요. 물론 당시에는 누가 나 좀 도와주고 이끌어줬으면 좋겠다고 생각했지만 말이죠.

특별한 꿈이 없던 제게 무언가 더 잘하고 싶은 영역이 생겼다는 그 자체만으로 삶의 큰 원동력이 되었습니다. 계속해서 궁금한 게 생기고 치열하게 알고 싶었던 건 처음이었어요. 고군분투의 과정을 겪고 나니 용기를 낼 수 있었습니다. 언젠가 저도 작은 공간에서 식물을 좋아하는 사람들과 함께하고 싶다는 꿈도 갖게 되었고요. 식물들의 속도가 그러하듯 그렇게 서서히 성장한 저는 '서서히'라는 이름의 식물 브랜드를 만들게 되었습니다.

5. 처음 '서서히'란 브랜드를 꾸려나갈 때 어땠는지 궁금해요.

처음엔 나만의 작은 식물 공간을 만들고 싶단 생각뿐이었어요. 거창한 꿈이나 목표는 없었답니다. 현실적으로 언제 망할지 모르니 작게 시작해야지 하는 마음이 앞서기도 했고요. 이전에 플랜트숍에서 일하는 동안은 제가 직접 식물을 구입하는 게 아니었기에 농원은 어디에 있는지, 어떤 식물을 사야 하는지, 식물 외에 다른 부자재들은 어디서 구입해야 하는지 전혀 모르는 상태였어요. 양재와 과천에 화훼단지가 있다는 것을 알고는 있었지만 실제로 가본 적조차 없어서 초기에는 참 막연했답니다. 식물에 대한 마음가짐과 지식, 식물을 선보일 공간까지 준비되어 있는데 마땅한 거래처를 찾는 게 가장 어려웠던 것 같아요. 개인적으로 좋아하는 식물을 구입하는 것과는 다른 차원의 일이더라고요. 아마 식물 관련 사업을 생각하고 있는 분들이 가장 어려워할 지점이지 않을까 싶습니다.

시장에 대한 정보를 찾다 보니 '소매는 취급하지 않는다'란 이야기가 많아 잔뜩 겁을 먹어 선뜻 찾아갈 용기가 안 나더라고요. 그래도 부딪혀봐야겠단 생각에 처음 시장 가는 날은 정말 만반의 준비를 했습니다. 커다란 백팩 하나 메고 양손에는 짱짱한 장바구니에 쇼핑백까지 챙겨 집을 나섰어요. 당시 운전도 못할 때라 대중교통을 몇 번씩 갈아타서 땀을 뻘뻘 흘리며 갔죠. 과천 화훼단지는 비포장 도로가 많은 곳에 위치해 있어서 차량 없이 가기엔 더욱이 제약이 많았어요.

가본 분들은 알겠지만 비닐하우스로 되어 있는 시장 안은 바깥보다 몇 배로 후덥지근합니다. 아스팔트 위에 아지랑이가 필 정도로 더운 날이었어서 호흡곤란이 올 것 같았어요. 운전을 할 수 있었더라면 차 안으로 대피해 시원한 에어컨 바람이라도 쐴 수 있었을 텐데 여러모로 힘든 상황이었습니다. 사업자 등록증도 없던 상태라 어설픈 손님처럼 보일까 하는 긴장감에 사장님들에게 물 한 모금 요청하지도 못했었어요. 최대한 능숙한 척했지만 아마 사장님들을 다 알았을 것 같아요. 식물 사러 오는 사업자가 백팩에 쇼핑백을 챙겨오는 경우는 없을 테니까요. 차를 끌고 와서 대량으로 식물을 실어갔겠죠. 매장 운영을 이제 막 시작했다고 당당하게 말해도 될 것을 말을 더듬다가 문전박대를 당하기도 수차례였답니다. 그렇게 첫 농원 방문은 긴장 가득한 채 마쳤지만 그다음, 또 그다음부턴 점차 익숙해졌어요. 흙먼지를 많이 마셔서 목이 칼칼하고 신발은 흙먼지로 더러워지고 탈진할 것처럼 땀을 뻘뻘 흘린 날도 있었지만 조금씩 익숙해지고 사장님들과 편하게 이야기할 수 있게 되자 농원 가는 일이 너무 행복했어요. 혼자서 부딪혀가며 충분히 실수하고 한참을 제자리에 빙빙 맴돌다가 알게 된 것들은 제게 더없이 소중한 자산이 되었답니다. 지금은 익숙한 일상이 된 일이지만 창업을 시작하는 초기에는 누구나 겪는 어려움일 거라 생각해요. 그래서 창업 클래스를 준비하고 있기도 하고요!

6. 창업 클래스는 언제 오픈할 예정인가요?

지금 준비 중인 이 책을 출간하고 나면 올해 하반기에 열어볼까 계획 중입니다. 현재 가드닝 클래스는 원데이와 취미 과정(4주)만 진행하고 있는데 많은 분들이 창업 클래스에 대한 문의를 종종 하시더라고요. 서서히를 준비하던 초창기에 겪었던 어려움이 한아름이라 전해줄 것도 알려줄 것도 많아 언젠가는 꼭 열고 싶은 마음이 있어요. 지금까지는 준비가 덜 되었다고 생각했는데 책 작업을 하며 이런저런 과정을 돌이켜 보니 이제는 용기가 생긴 것 같습니다.

7. 클래스를 진행하면서 느낀 점도 궁금해요.

'서서히'라는 공간을 운영하면서 정말 다양한 분들을 만나고 있습니다. 아직 공간을 운영한지 오래되지는 않았지만 단골손님들도 많아졌고, 지금까지 거쳐간 수강생도 200명은 훌쩍 넘는 것 같아요. 수업을 듣기 위해 대중교통으로 2시간 넘게 걸리는 외곽 지역이나 지방에서 찾아주는 분들도 있어서 감사한 마음이 큽니다. 안 했으면 안 했지 할 땐 제대로 해야 하는 기질을 갖고 있기에 멀리서 찾아준 분들에게 만족할 만한 시간을 만들어 드리고 싶어 엄청난 사명감을 갖고 수업을 준비합니다. 이론이 긴 편이라 매번 한두 시간은 말을 해야 하기에 하루에 두 타임만 수업을 해도 목소리가 거의 나오지 않고 체력이 방전되는 느낌이에요. 하지만 언제나 또다시 저를 일어서게 하는 건 사람인 것 같습니다. 힘들다가도 흙을 만지며, 식물을 바라보며 웃고 있는 수강생들의 밝은 얼굴을 마주하면 괜스레 환히 웃게 되더라고요. 아마 수강생들은 스스로의 모습을 볼 수 없어 몰랐겠지만 제 눈에는 그 모습이 너무 보기 좋아 늘 흐뭇한 미소를 지으며 사진을 몇 장씩 찍어 두곤 해요. 수업이 끝난 뒤 찍어 두었던 사진을 보내 드리면 "제가 이렇게나 많이 웃었어요?"라며 행복해한답니다. 두 시간 남짓의 시간 동안 온갖 걱정을 내려 두고 온전히 집중할 수 있었다는 식의 이야기를 자주 듣는데 참 뿌듯하더라고요. 항상 '서서히'를 찾아주는 분들 덕분에 한 뼘 성장하고 좋은 기운을 가득 얻는 것 같아요.

8. 그래서인지 다른 식물 관련 인스타그램 피드에 비해 사람의 손길이 등장하는 사진이 많더라고요!

맞아요. 식물의 모습을 기록하는 것도 좋아하지만, 식물과 함께하는 사람의 순간을 기록하는 것 역시 좋아해요. 사람의 손길이 닿아 있을 때 비로소 식물도 생명력을 얻는 것 같더라고요. 그래서 인스타그램 피드에 온기가 느껴지는 사진들을 유독 자주 올리곤 해요. 미처 올리지 못해 개인 소장하고 있는 수강생들의 미소 띤 사진을 보고 있자면 부자가 된 기분이랍니다. 온라인으로 모든 걸 할 수 있는 시대이다 보니 온라인 수업 개설 요청도 있지만, 저는 여전히 직접 얼굴을 마주하고 온기를 나누는 것이 좋더라고요. 결국 이 일을 지속할 수 있는 힘은 사람에게서 오는 듯합니다.

9. 앞으로의 목표는 무엇인가요?

제 이름을 걸고 하는 일은 처음이라 여전히 관심받는 일이 얼떨떨합니다. 그간 매장 일 외에도 식물 전시를 진행하거나 아티스트의 뮤직비디오 현장을 연출해 보는 등의 작업도 할 수도 있었어요. 몇몇 브랜드의 제품 홍보 촬영도 해보았고요. 이제는 제가 아는 지식들과 식물에 대한 온 마음을 담은 책도 출간하게 되었네요. 좋아하는 일을 열심히 쫓다 보니 새로운 기회가 연이어 열리더라고요. 앞으로도 커다란 목표보다는 지금처럼 소소하게 사람과 식물과 함께 하는 재밌는 일들을 꾸준히 하고 싶어요. 지금까지 그랬듯 앞으로도 제가 꾸준히 중요하게 생각하려는 것은 진정성입니다. 그저 큰 욕심 없이 '서서히'와 식물에 대한 제 마음이 어떤 바람에도 흔들리지 않도록 진정성을 안고 한 걸음씩 나아가려 합니다.